真面目《まじめ》がソンにならない心の習慣

植西　聰

青春新書
PLAYBOOKS

まえがき

「正直に生きる」

「まじめに生きる」

「自己犠牲の精神で、人に譲《ゆず》る」

「日々の暮らしを、ていねいに生きる」

これは日本人が長年「美徳」として持ち続けてきた生き方であり、また精神です。

親から、また学校の教師から、そのように生きるのが大切だと教えられてきた人も多いと思います。

また、ほとんどの人たちが自分自身でも、正直に、まじめに生きるのが正しいと信じ、そのような生き方を実践してきたと思います。

しかし、一方で、実社会に出てみると、「正直に生きるって、本当に良い事なのか?」と疑問を感じる……という人もいるようです。

「正直者はバカを見る」という言葉もありますが、「正直に生きているばっかりに、かえって私は損しているのではないか？」と感じている人も多いと思います。

「まじめに生きているが、そのために損な役回りを押しつけられることも多い」

「人に譲ってばかりいる私は、いつも人から甘く見られて損をする」

といったようにです。

一方で、わがままな人、押しが強い人、立ち回りがうまい人、自分のことしか考えない人ばかりが得をしているように思えてきます。

そして、そんなわがままな人たちと比べて、「やっぱり私は損をしている」と合点してしまうのです。

しかし、正直に生きるのは、決して、損なことではありません。

まじめに生きて、損はしないのです。

人に譲れば、むしろ、得することがたくさんあります。

従って、「正直に生きる」「まじめに生きる」といった、日本人が長年持ち続けてきた美徳を、守りつづけていくほうがいいと思います。

昔話には、イソップの『金の斧』など、「正直に生きる者が、最終的には得をする。ズルい人や嘘つきは損をする」という話がたくさんあります。

現実も、その昔話通りなのです。

「昔話と、現実社会は違う」と言う人もいるかもしれませんが、それは狭い視野でしかものを見ていないと思います。

広く、長い目で見れば、やはり「正直者が得をする」のです。

時に、ズルい人や嘘つきが得をする場合もあるかもしれません。

「正直者がバカを見る」というケースもあるかもしれません。

しかし、最終的には、「誠実な人が成功する」のです。

従って、日本人が昔から守ってきた「正直に生きる」「誠実に生きる」という美徳を、これからも受け継いでいくのが、幸せに生きるための大切なコツだと思います。

それでも損をしていると感じている人のために、本書があります。

3章 人に譲る……しかしソンはしない

4章　ていねいに生きる……しかしソンはしない

7章 約束を守る……しかしソンはしない

8章　人にやさしくする……しかしソンはしない

9章 分け隔てなくつき合う……しかしソンはしない

1章

誠実に生きる
……しかしソンはしない

「誠実に生きると損をする」という誤解

幸せな人生を築いていくために、誠実に生きていくということは非常に大切です。

誠実に生きてこそ、周りの人たちから信用を得られます。

いい人間関係に恵まれます。重要な仕事も任せてもらえます。

しかし、「誠実に生きていくと、かえって損をすることになるのではないか」と心配する人もいます。

この世の中を生き抜いていくためには、ずる賢く立ち回っていくほうが有利なのではないか。

正直をモットーにして生きていったら、自分自身が損をするだけではないか、というわけです。

確かに、「正直者はバカを見る」ということわざもあります。

「正直者は、とかく損をすることが多い」という意味です。

場合によっては、このことわざ通り、正直に生きて損をすることもあるかもしれません。

しかし、長い目で人生を見ていけば、やはり正直に生きていく人のほうが、ずっと得をするのです。

そして、幸せな人生を築いていくことができるのです。

ずる賢く生きていく人は、一時的に得することもあるかもしれませんが、結局は周りの人たちの信用を失って見捨てられてしまいます。

小説家の夏目漱石《なつめそうせき》（19～20世紀）は、「世の中に正直が勝たなければ、ほかに勝つものはない」と述べました。

これは「正直者が一番強い」という意味です。

誠実に生きることで、もっとも確実に幸福を手にすることができるのです。

報われる人の習慣

結局、正直に生きる人が一番強い

正直なビジネスをする企業が成長する

インターネットを使ったアンケート調査で、「あなたは、『正直者はバカを見る』と思いますか？」と尋ねたところ、次のような結果が出たと言います。

＊「非常にそう思う」……33％。
＊「どちらかといえばそう思う」……38％。
＊「どちらかといえばそう思わない」……17％。
＊「まったくそう思わない」……12％。

つまり、70パーセント以上の人が「正直者はバカを見る」と考えていたのです。

これは、ある意味、残念な結果だと思います。

言い換えれば、この世の中は、多少ずる賢く立ち回っていくほうが得だと考えている人が多いのでしょう。

とは言っても、実際には、正直に生きている人のほうが圧倒的に多いと思います。

報われる人の習慣

「正直者はバカを見る」などと考える必要はない

ただし、正直に生きる自分自身を、その本人が「私は何かと損をしていることが多い」と感じているのでしょう。

それが、このアンケート調査の結果に現れています。

しかし、正直に生きている自分を「損をしている」と考えることはありません。

たとえば、近江商人は、古くから「勤勉、正直、堅実」をモットーに商売をしてきました。「よく働き、正直に商売をやり、また手堅い商売を心がけていく」という意味です。

そして、まさにこの「勤勉、正直、堅実」ということで、代々、長年にわたって商売を繁盛させてきたのです。

やはり、企業であっても、個人であっても、誠実さをモットーにしていくことで繁栄を得られるのです。

石田梅岩が大事にした「正直な商い」

江戸時代中期の思想家に石田梅岩《いしだばいがん》（17～18世紀）がいます。

江戸時代の社会構造を表す言葉に「士農工商」があります。

江戸時代は、武士がもっとも偉い存在でした。

次に偉いのは、米などの食料を作る農民です。

その次は、生活に必要になる道具を作る職人です。

「士農工商」の「工」は、「職人」を指します。

そして、商人はもっとも地位が低いと見なされていました。

しかし、石田梅岩は、「商売が盛んになってこそ、世の中は豊かになり、また人々も幸せになれる。その意味では、商人はもっと尊重されるべきだ」という考えを説きました。

このように「商い」というものが持つ重要な価値観に、日本で初めて注目したのが石田梅岩だったと言ってもいいのです。

また、石田梅岩は、商人が成功するための心得として、次の三つのことを掲げました。

それは、「正直・倹約・勤勉」ということです。

これを石田梅岩は、商人が持つべき「三徳《さんとく》」と呼びました。

つまり、「正直に商いすること。お金の無駄遣いを慎《つつし》むこと。一生懸命に働くこと」ということです。

この三つの徳を身につけて商いをしていく商人は、必ず商売を成功させて、たくさんの得を得ることができると考えたのです。

つまり、商売を繁盛させていくことができるのです。

現代でも、この石田梅岩の教えを守って「正直な商い」を心がけている人たちは数多くいます。

一時的には損をしたとしても長期的に見ると、結局は、「正直な商い」を心がけている人が成功を手にしていると思います。

「正直」は繁盛の源

正直に得たお金が自分の成長に役立つ

イギリスのことわざに、「正直に得たものでなければ、真の所得ではない」というものがあります。

ずる賢い方法で、多額のお金を得ることができた人もいるかもしれません。

しかし、悪いやり方で得たお金というものは、身につかないものなのです。

「悪銭、身につかず」という格言もあります。

「悪い方法で得たお金は、とかく、つまらないことで無駄遣いしてしまい、生産的なことには役立たない」という意味です。

一方で、正直に働いて得たお金については自然に、「このお金を大切にしていこう」という意識を持ちます。

自分の成長のために、また自分の仕事を発展させるために、大切にお金を使っていこう、という意識が生まれるのです。

つまり、ずる賢い方法でお金を得たとしても、そのお金は自分のために役立たない、ということです。

むしろ、そのお金は自分自身を堕落《だらく》させ、自分の運命を悪い方向へと導いていってしまいやすいのです。

そういう意味では、ずる賢い方法でお金を得たとしても、結局は、そのために自分が「損をする」という結果になるのです。

一方で、正直な方法で得たお金は、自分の成長や、仕事の発展のために役立ちます。すなわち、そのお金は、自分のために「得になる」ものなのです。

このイギリスのことわざは、そのように「正直な方法で得た、自分に得になるお金こそが、『真の所得』だ」と指摘しているのです。

正直に生き、正直に仕事をして「損をする」ということはありません。

誠実に生きることが、人生をうまく生きるコツになるのです。

報われる人の習慣

「悪銭、身につかず」と知っておく

「損してる」という悪いイメージを消し去る

「正直に生きているために、私はいつも損をしている」と思い込んでいる人がいます。

この「私はいつも損をしている」というのは、一種の自己イメージです。

しかも、間違った、悪い自己イメージです。

正直に生きていても、実際には、「損をする」ということなどあまりないのです。

むしろ、正直に生きて「得をしている」ということのほうがずっと多いのです。

それにもかかわらず、自分自身で「私は正直だから、いつも損をしている」と思い込んでいるだけなのです。

しかし、自分自身について、そのような悪いイメージを持っていると、人生がどんどん悪い方向へと導かれてしまいます。

気持ちが落ち込み、何事にも積極的になれなくなり、うまくいっている人を見ては羨ましく思い、ひがんだりします。

そして、この先、自分の人生には何もいいことなどないように思えてきます。

実は、そのような悪い自己イメージのために「損をする」という結果になるのです。

たとえば、会社では、「あんな元気のない社員には、重要な仕事など任せられない」と、どうでもいいような仕事ばかり押しつけられてしまいます。

人間関係でも、「いつも暗いあの人とは、つき合っていて面白くない」と、除《の》け者にされてしまうようになります。

自分自身に悪いイメージを持つから、何かと「損をする」のです。

必ずしも、正直に生きているから「損をする」のではないのです。

従って、「正直者は得をする」と自分で思い込むことが大切になります。

実際に、正直に生きることで良いことがたくさんあるのですから、そんな自分に「私は恵まれている」と、プラスのイメージを持つことが大切です。

そうすれば、心が明るく前向きになり、一層いいことが起こるようになるでしょう。

報われる人の習慣

「正直者の私は恵まれている」と思い込む

多くの恵みが与えられる

正直に生きる人には、神様が多くの恵みを与えてくれます。

そんな話がイソップ物語にあります。

『金の斧《おの》、銀の斧』という話です。

昔、ある男が、川のそばで木を切っていました。

その時、手が滑って、持っていた斧を川に落としてしまいました。

その男が困っていると、川の中から神様が出てきて、「おまえが川に落としたのは、この金の斧か？」と問いました。

その男が「そんな立派な斧ではありません」と答えると、神様は、また別の斧を取り出して、「それでは、この銀の斧か？」と問いました。

その男が、「そんなきれいな斧ではありません」と答えると、神様は「では、この斧か？」と、使い古し鉄の斧を見せました。

男が「そうです。その斧です」と答えると、神様は「おまえは正直者だ」とほめ、金と、銀と、使い古した鉄の斧の三本を男に渡しました。

その男は、その話を友人の一人に話しました。

すると、その友人は、自分も神様から金と銀の斧をもらいたいと思いました。

そして、川へ行くと、使い古しの鉄の斧をわざと川へ放り落としました。

すると神様が出てきて、「おまえが川に落としたのは、この金の斧か？」と問いました。

その友人が「はい、そうです」と答えると、神様が「この嘘つきの欲張りめ」と怒って、姿を消してしまいました。

その友人は金や銀の斧を手に入れられなかったばかりか、使い古しの鉄の斧まで失ってしまいました。

この話も、やはり、「正直に生きる者は得をする。ずる賢い人間は損をする」ということを示しているのです。

報われる人の習慣　欲張って嘘をつくと、かえって損をする

たくさんの人が集まってくる

アメリカの初代大統領になったジョージ・ワシントン（18世紀）には、次のような逸話《いつわ》があります。

ワシントンが、まだ子供だった頃の話です。

ある日、ワシントンは、ついうっかりして、日頃父が大切にしていたリンゴの木を斧で切り倒してしまいました。

リンゴの木が切り倒されていることに気づいた父親が、「誰が、こんなまねをしたんだ」とカンカンになって怒り出したのです。

それに対して、ワシントンは、正直に、「はい、私がやりました」と答えました。

そのワシントンに、父親は怒るどころか、「おまえは正直者だ。立派なものだ。これからも正直に生きていきなさい」とほめました。

それ以来、ワシントンは、正直をモットーにして生きていったのです。

報われる人の習慣

正直をモットーに、人の信頼を得る

「正直は、常に最上の政策である」

これは、ワシントンが成長し政治家になってからの言葉です。

正直に現状を説明し、正直な政策を打ち出し、正直に人を説得していく、ということを心がけていくことで、多くの人の信頼を得ることができます。

まさにワシントンは、正直を心がけて政治活動を行っていくことで、多くの人に信頼され、アメリカの初代大統領に選出されたのです。

正直である人は、多くの人の信頼を得られます。

その結果として、自分自身の人生にも様々な良いことがもたらされるのです。

これは、政治家であれ、商売をする人であれ、あるいはサラリーマンであれ、あらゆる人に共通して言える真実なのです。

正直で誠実な人のもとに人が集まり、信頼を得られるのです。

周りの人たちから信頼される

アメリカの詩人であるハワード・アーノルド・ウォルター（19～20世紀）は、「私が正直でいられるのは、私を信じてくれる人がいるからである」と述べました。

人にとって、「自分を信じてくれる人」に囲まれて生きていければ、それに越した幸福はないと思います。

たとえば、自分を信じてくれる仕事仲間に恵まれれば、充実した気持ちで働いていけるでしょう。

みんなで力を合わせて、大きな成果を出すこともできると思います。

自分を信じてくれる友人に恵まれれば、人生は楽しいものになります。

明るい気持ちで、人生を大いに楽しんでいけるのです。

そういう意味で、「自分を信じてくれる人」が周りにたくさんいる人は、それだけ幸せなのです。

では、そのような「自分を信じてくれる人」を増やしていくためにはどうすればいいのかと言えば、それは「正直に生きる」ということだと思います。

ウォルターは、「私が正直でいられるのは、私を信じてくれる人がいるからである」と述べましたが、これは言い換えれば、「私が正直に生きているからこそ、周りの人たちは私を信じてくれる」という意味にもなると思います。

ずる賢く、嘘ばかりついている人を信用する人など、誰一人としていません。

正直に生き、正直に人に接して生きていく人を、周りの人たちは信じます。

そして、その人の意見や行動を信頼してくれます。

周りの人たちが自分を信じてくれれば、そんな自分に自信を持って、より一層正直を心がけていけるようになります。

そして、さらに多くの人たちから信頼を寄せてもらえるようになります。

「正直」は、このように、人生に好循環を生み出していくのです。

報われる人の習慣

正直を貫いて良い仲間を増やしていく

ごまかして信頼を失うよりも「正直」で信頼を勝ち取る

仕事ではミスや失敗がつきものです。

もちろんミスや失敗をすれば、上司から怒られます。

取引先からもクレームをつけられるでしょう。

人によっては、それを嫌って、ミスや失敗をごまかしたり、時には隠してしまう場合もあります。

しかし、ミスは、ごまかしきれるものではありません。

失敗は、最後まで隠しきれるものではないのです。

いずれ、どこかで発覚してしまいます。

その際に、ごまかしたり、隠していたことも一緒に発覚すれば、その人は一気に信頼を失ってしまうでしょう。

その結果、大事な仕事は任せてもらえなくなり、社内での立場もなくなっていきます。

報われる人の習慣

ミスや失敗をごまかそうと思わないほうがいい

ミスや失敗をごまかしたり隠したりすることで「得する」ということはないのです。

そうならば、むしろ、ミスや失敗をした時には、それを正直に打ち明けてしまほうが賢明です。

従って、ミスをしたときはすぐに報告するほうがいいのです。

そのために怒られることになるかもしれません。

しかし、かえって、「この人は、自分に不利になる事態であっても、何事も包み隠さず正直に言ってくれる人だ」と、上司や取引先から信頼を得ることができます。

仕事において、自分が信頼される人になるためにもっとも大切なことは、「正直になる」ということなのです。

そして、信頼を勝ち取ることができれば、やがて、やりがいのある仕事を任せてもらうことにもつながります。

つまり、そのほうがずっと「得をする」ということになるのです。

だまされても、正直でいつづける

正直に生きることをモットーにして、たくさんの人たちから慕われた人がいます。

また、多くの協力者を得て、大きな成果を出すことに成功した人がいます。

インドで恵まれない人たちのための奉仕活動を行い、その業績を評価されてノーベル平和賞を受賞したマザー・テレサ（20世紀）です。

このマザー・テレサは、「あなたが正直であれば、人はあなたをだますかもしれません。しかし、それに構わず、正直でありなさい」と述べました。

「正直者はバカを見る」とか「正直者は損をする」と言う人もいます。

確かに、正直に生きてきたばっかりに、人からだまされて損をする、という経験をすることもあるかもしれません。

しかし、そこで、「もう正直に生きるのはやめた。私もずる賢い人間になろう。人にだまされるのではなく、人をだます側に回ろう」と考えてはいけないのです。

報われる人の習慣

正直でいるから、自分を助けてくれる人が現れる

それは、自分の人生を悪い方向へ導いてしまう大きな原因になります。ずる賢い人間になったからと言って、幸せは得られません。かえって不幸を招き入れるだけです。

自分自身が人をだます側に回ったからといって、人生の恵みは得られません。さらに大切なものを失ってしまうだけでしょう。

大切なのは、たとえ人からだまされる経験をしても、それにもかかわらず「正直でいつづける」ということなのです。

正直でいれば、必ず、だまされた自分に援助の手を差し伸べてくれる人が現れます。

その人の助けを借りて、以前よりずっと大きな幸福を手にすることもできるのです。

だまされて失ったものよりも、さらに大きな価値のあるものを得られるのです。

ですから、「だまされても、正直でいつづけることが大切だ」と、マザー・テレサは述べたのです。

1章のポイント

◇ ずる賢い、立ち回りのうまい人が得をすることがあっても、一時的なものにすぎない
◇ 70パーセント以上の人は「正直者はバカを見る」と思っている
◇ 小金が入ったときこそ「悪銭、身につかず」を思い出す
◇ 自分が持っている「自己イメージ」をチェックする
◇ 「自分を信じてくれる人がたくさんいる」という人が、幸せな人生を送れる

memo

2章

真面目《まじめ》に生きる
……しかしソンはしない

要領がいい人より、努力する人を目指す

ある女性は、あまり要領がいいほうではありません。

どちらかというと不器用なほうです。

しかし、仕事はまじめにコツコツとがんばっています。

一方で、彼女の同僚に、とてもずる賢くて要領がいい人がいます。

それほど努力をしないでも、それなりの実績を上げて、社内でも評判がいいのです。

そんな同僚を見て、彼女は、「私はあの人よりも努力しているのに、そんな私はそれほど評価をしてもらえない。私はとても損をしている。まじめに仕事をしていくのがバカらしくなってくる」という思いにとらわれています。

確かに、要領がいいというだけで、コツコツ努力している自分よりも評判がいい人が身近にいると、「がんばるのがバカらしくなってくる」という気持ちになっても仕方ないと思います。

しかし、どのような人であれ、「要領がいい」というだけでは大きなことは成し遂げられません。一時的に成功したとしても、すぐに終わってしまいます。

大きなことを成し遂げるためにもっとも大切なのは、コツコツ積み上げていく努力なのです。

また、言い換えれば、たとえ不器用な人であっても、コツコツ努力していけば必ず大きなことを成し遂げられます。

最終的には、「要領がいい」というだけの人は、真の成功者にはなれません。

最終的に、成功者になれる人は、「コツコツ努力していく人」なのです。

ですから、がんばって努力している自分自身を「バカらしい」「損をしている」などと考えなくていいのです。

むしろ、そんな自分に自信を持つ必要があります。

そうすれば、きっと、すばらしい未来が開けると思います。

報われる人の習慣

「不器用でも努力している自分」に自信を持つ

最後は「まじめに努力する人」が強い

映画監督だった新藤兼人《しんどうかねと》（20～21世紀）は、「要領よく生きなければ競争に負けると思っているなら、それはまやかしである」と述べました。この言葉にある「まやかしである」とは、「間違った考え方である」といった意味です。

世の中には、「要領よく生きなければ競争に負けると思っている」という人が多くいるように思います。

このようなタイプは、それほど努力せずに、要領よく良い結果が出すためにはどうすればいいか、といったことばかりを考えます。

しかし、「要領がいい」だけでは、大きな結果を出すのは不可能です。

また周りの人たちから信頼される存在になるのは不可能です。

もちろん、ライバルたちの競争にも勝ち残れません。

最終的に、良い結果を出し、信頼される人間になり、そして競争に勝ち残れるのは「ま

報われる人の習慣

まじめに努力していけば必ず結果が出る

じめに努力していく人」なのです。

決して「要領がいい」だけの人ではありません。

新藤兼人は、この言葉で、そういう意味を伝えているのです。

時には、「要領がいいだけの人」が、「まじめに努力していく人」よりも良い結果を出す時もあるかもしれません。

しかし、それは一時的な現象にすぎません。

最終的には、「まじめに努力していく人」のほうがずっと価値があるのです。

たとえ「要領がいいだけの人」に負ける場合があっても、そんな自分を「損ばかりしている」と考えなくてもいいのです。

まじめに努力を続けていけば、その努力は必ず報われます。

従って、要領よりも努力を大切にしていくほうがいいと思います。

「口下手でも、がんばってる人」が最後に勝つ

口がうまい人がいます。

人との会話がうまく、気の利いたことも言えて、話に説得力もあります。

そのおかげで、周りの人たちからの評判もいいのです。

一方で、口下手な人もいます。

まじめで誠意ある人なのですが、口下手なために周りの人たちから注目される機会は少ないのです。

評判も、あまり良いとは言えません。

このようなケースでは、「口下手な人」は往々にして、「口がうまい人」に比べて自分は損をしているという思いにとらわれてしまう場合が多いようです。

「あの人は私よりも努力していないのに、口がうまいという理由だけで評判がいい。納得がいかない」という気持ちになるのです。

しかし、そこでネガティブな感情にとらわれなくてもいいと思います。

「私は損をしている」「がんばるのがバカらしくなる」などと考えなくてもいいのです。

というのも、やはり世の中では、「口下手であっても、まじめにがんばっている人」が強いのです。

従って、いつかどこかで、「口はうまいが、努力が伴わない人」を追い抜かし、最終的には「口下手であっても、まじめにがんばっている人」が栄光をつかむ時がやってくるのです。

ですから、ネガティブな感情に振り回されるのではなく、これまで通り自分のペースでコツコツがんばっていけばいいのです。

それが結果的に、自分にとって「得になること」につながっていきます。

「口がうまい」というだけでは、良い結果は出せません。

すばらしい結果をもたらすものは、やはり誠実さなのです。

報われる人の習慣

「口がうまい人」と自分を比べなくていい

周りの印象を良い方向に変えていく

「口がうまい人」は、確かに、「周りの人たちの評判がいい」という一面はあります。面白い話をしたり、人を喜ばせる話術があるので、周りの人たちから好かれやすいのです。

一方で、「口下手な人」は、得てして、「他人から誤解されやすい」という面があります。相手が気に入るような話ができないために、悪い印象で受け取られてしまいがちなのです。

しかし、他人から悪い印象で見られたからといって、そこで、ふてくされなくてもいいと思います。

まじめに努力していけば、必ず、その誤解は解けていきます。

「仕事ができないと思っていたが、なかなかやるじゃないか」

「何をやらせてもダメな人だと思っていたが、けっこう見どころがある人だ」

「愚かな考えしかない人のように思えたが、実際には賢い考えを持っている人だとわかった」

といったように、当初の悪い印象から打って変わって、良い印象で見られるようになっていくのです。

従って、自分がやるべきこと、自分がやりたいことを、たんたんと誠実に進めていくのが賢明です。

余計な感情に心をとらわれてやる気をなくすのではなく、自分のペースでコツコツがんばっていくことが大事です。

そうすれば、必ず、周りの人たちの印象を変えていくことができます。

そして、自分の存在感を示せる時がやってきます。

そこまでいけば、「私は損をしている」といったような考えも、いつの間にか心から消え去ってしまっているでしょう。

報われる人の習慣
まじめに努力を重ねて存在感を示す人になる

「損してる」と思って怠けることこそ本当の損

禅の言葉に、「行解相応《ぎょうげそうおう》」というものがあります。「行《ぎょう》」は、「行動する」という意味です。「解《げ》」には、「思い。理念。願い」といった解釈があります。「相応」には、「お互いに関連する。一致する」といった意味があります。

たとえば、「私は、こういう偉業を成し遂げたい。私は、こういう人間になりたい」という「思い」を持ったとします。

とはいえ、ただそのような思いを持っているだけでは、自分の思いは現実にはなりません。

思いを現実にするためには、「行動」が必要になってきます。

言い換えれば、高尚《こうしょう》な思いと、まじめで誠実な行動がお互いに一致しあってこそ、人間として成長していけます。その結果、偉業を成し遂げられるのです。

そして、充実した、悔いのない人生を実現できるのです。

しかしながら、時に、思いはあっても、その思いを実現するためにがんばって行動していくのがバカらしく思えてくる場合もあります。

それは、どういう時かと言えば、「私は損をしている」という思いにとらわれる時なのです。

たとえば、要領がいい人や、口がうまい人と自分とを見比べて、「私よりも努力していない人が、どうして自分よりも評判がいいんだ。なぜ私よりも良い成果を出しているんだ。私は何か、損をしているような気持ちになる」といった考えにとらわれてしまう時です。

しかし、そこで努力することをやめてしまうことこそ、本当の意味で「損をすること」になるのです。

損をしないために、他人など気にせずに、自分がやるべき行動をたんたんと実践していくことが大切です。

報われる人の習慣

「私は損をしている」という思いにジャマされないようにする

「他人は他人、自分は自分」で生きていく

禅語の一つに、「他《た》は是《こ》れ吾《われ》にあらず」というものがあります。「他」とは、「他人」を意味します。

「吾」とは、「自分自身」を指します。

つまり、「他人は他人であって、私ではない」ということです。

当たり前のことを言っているように思えるかもしれませんが、ここには禅の深い教えが隠されているのです。

すなわち、「他人の生き方と、自分の生き方を見比べて、心を惑わされてはいけない。自分は自分の生き方を貫いていくのが大事だ」と指摘しているのです。

たとえば、何事でも要領よく物事を運んでいく人が、自分よりも努力していないにもかかわらず、出世してしまう場合もあるでしょう。

口がうまい人が、それだけの理由で、自分よりも良い評判を得る場合もあるでしょう。

しかし、それは「他人の生き方」なのです。

「他人は他人、自分は自分」なのです。

自分とすれば、「要領が良くなくてもいい。口がうまくなくてもいい。まじめに、誠実に、たんたんと努力していく」という「自分の生き方」を貫いていけばいいのです。

もちろん、他人の生き方を参考にして、自分の生き方に役立てていく、という視点を持つのも大事かもしれません。

しかし、他人の生き方に心を惑わされて、他人に比べて自分が「損をしている」という思いにとらわれるようになると、それが原因で自分の生き方を見失ってしまいます。

従って、意識のどこかで「他は是れ吾にあらず」という意識、つまり「他人は他人、自分は自分」という意識を持っておくことが大切です。

そのようにして「自分の生き方」を見失わないでいる人が、最終的には、すばらしい人生を実現できると思います。

報われる人の習慣

「自分の生き方」を見失わないようにする

「手抜きをしても結果は同じ」は勘違い

「初心を忘れてはいけない」と、よく言います。

「初心」とは、「何かをやりたいと思い立った時の純粋な気持ち」を指します。

また、「目標に向かって行動を始めた時の、情熱的な気持ち」を意味します。

大きな事を成し遂げるためには、そんな「純粋な気持ち」「情熱的な気持ち」を、ずっと持ち続けていく必要があるのです。

というのも、最初のうちはいいのですが、何事も時間が経つにつれて気持ちがマンネリになってくるからです。

初めのうちは、ていねいに、まじめに仕事などを進めていても、だんだんと「ていねいに仕事を進めるなんて面倒だ」「まじめに働くなんて、何の得にもならない」といった気持ちが芽生えてくるのです。

「多少手抜きをしても、結果はそれほど変わらない。ならば、上手に手抜きをしていくほうが得をする」という思いが生まれてきます。

そのために仕事が適当になっていき、結局は、目標実現から遠ざかっていきます。

自分の成長にもストップがかかってきてしまうのです。

従って、時に「初心」を思い出す必要があります。

当初の「純粋な気持ち」「情熱的な気持ち」を思い返してみるのです。

そうすれば、適当になっていた仕事のやり方が、また、ていねいになっていきます。

手抜きが目立っていた働き方が、また、まじめなものに変化していきます。

そうすることで、目標へ向かって、ふたたび力強く歩き出せます。

さらなる自分の成長も促されるのです。

「手抜きをしても、結果はそれほど変わらない」と考えるのは勘違いだと思います。

手抜きをすれば、当然、悪い結果が出ます。初心を忘れずに、誠実に、ていねいに仕事を進めるのが「得すること」なのです。

報われる人の習慣

初心を思い出して、まじめな気持ちを取り戻す

今朝、感じた「新鮮な気持ち」を思い出す

「能」の創始者である世阿弥《ぜあみ》（14～15世紀）は、「初心忘るべからず」と述べました。

「芸の修行のコツは、『初心を忘れないこと』である」という意味です。

つまり、修業を始めた当初の「純粋な気持ち」や「情熱的な気持ち」をいつまでも忘れないで持ち続ければ、やがて名人と呼ばれるような偉大な人間になれる、という意味です。

さらに世阿弥は、この「初心忘るべからず」にからめて、次のようにも言っています。

「時々の初心忘るべからず」と。

これは、「その時、その時の初心を忘れない」という意味です。

たとえば、一日の生活の中でも、朝は誰でもが新鮮な気持ちでいます。

純粋に、また情熱的な気持ちをもって仕事にも家事にも取りかかれるでしょう。

しかし、時間が経っていくにつれて、「面倒くさい」「やってられない」「どうでもいい」といった投げやりな気持ちが生じてきます。

そして、ていねいに、まじめに働いたり、日常生活を送っていくことが、だんだんと「損なこと」にも思えてくるのです。

「もっと適当になってもいいじゃないか」という思いにとらわれてきます。

そのような時には、「その日の朝に持っていた新鮮な気持ち」を思い出してみるのです。

これもまた、「初心を忘れない」という心がけを保持していくための方法の一つになるのです。

もう何年も前のことになった「初心」を思い出すことが難しい場合、その日の朝の「初心」を思い出すのでもいいのです。

そうすれば、「面倒くさい」などといった投げやり気持ちを打ち破って、一日中新鮮な気持ちでいられます。

報われる人の習慣

一日中、新鮮な気持ちを維持する心がけを持つ

経験を積んでも、新しいことにチャレンジする

世阿弥は、「老後の初心忘るべからず」と述べました。

この言葉にある「老後」とは、たとえば、「仕事を引退して、老後の生活に入る」という意味を指しているのではありません。

この言葉には、「ベテラン、達人、名人と呼ばれるような円熟期に入る」という意味です。人は、長い間努力を続けて、経験と知識を積み重ね、「その道のベテラン」と呼ばれるようになっていきます。

しかし、いつまでも同じことを続けていくだけではマンネリに陥っていきます。「あくせくがんばるなんてバカバカしい」というネガティブな気持ちにとらわれて、手抜きの仕方を覚えていくようにもなりかねません。

そのような時には、自分自身に刺激を与えるために、何か新しいことにチャレンジするのが良いのです。

報われる人の習慣

「一人前」、「ベテラン」になっても、満足しない

今まで経験していない、新しいジャンルにチャレンジします。

新しい勉強を始めるのもいいでしょう。

そうすれば、また、そこで「新鮮な気持ち」「純粋な気持ち」「情熱的な気持ち」を取り戻せます。

ベテランと呼ばれる領域から、さらにもう一歩、自分自身を成長させられるのです。

この「老後の初心忘るべからず」という世阿弥の言葉は、円熟期に達したとしてもそれに満足せず、そこで何か新たなことにチャレンジして新鮮な気持ちを取り戻していく大切さについて語っているのです。

とにかく、何歳になっても、ベテランになっても新しい分野にチャレンジしていく精神を持っていくことが大切です。

それがマンネリに陥らないためのコツの一つです。

「面白みのない自分」を変えずにうまくいく

仕事にも、人間関係にも「まじめな人」は、時に、周りの人から「面白みのない人」と見なされてしまうことがあります。

そのために、周りの人たちから親しくつき合ってもらえない、という時もあるようです。

本人としても、「まじめな性格なのは、自分にとって得なのか、損なのかわからない」という思いにかられてしまうのです。

まず第一に理解しておくべきは、「まじめに生きる」という生き方は、決して「損なこと」ではないという点です。

まじめに生きて、得することはたくさんあります。

ですから、「まじめな生き方」を変える必要はありません。

また、無理をして「面白みのある人」になろうと思わないほうがいいと思います。

無理をして自分の性格や人間性を変えようと思っても難しいからです。

無理をすれば、それがかえってストレスとなって、余計な悩み事を増やすだけでしょう。

ですから、まずは「無理に自分を変えなくていい。今の自分のままでいい」と理解しておくことが大切です。

その上で、周りの人たちから好かれ、慕われる方法を考えるのです。

無理に自分の性格を変えるよりも、もっと手軽にできる方法があります。

それは、「明るい笑顔を絶やさない」というものです。

「まじめで、人を笑わせたりすることは苦手でも、いつも明るい笑顔でいる人」は、周りの人たちから嫌われはしません。

むしろ愛され、大事にされるのです。

まじめな性格に明るい笑顔がプラスして、さらに「得になること」が舞い込んでくるでしょう。

報われる人の習慣

いつも明るい笑顔を絶やさない

弱みを周りに打ち明けてみる

まじめだけれど、周りの人たちから「面白みがない」と思われて、損していると感じている人が、多くの人から好かれる方法がもう一つあります。

それは、「自分の弱点を隠さない。むしろ、自分の弱点をみずからオープンにする」という方法です。

人は普通、自分が苦手にしていること、コンプレックスに感じていることを隠そうとします。

しかし、それをあえて周りの人たちに打ち明けてしまうのです。

たとえば、

「私は人前で話すのが苦手で、人前で話す時はいつも足が震えてしまうんです」

「私はとても不器用なので、いつも叱られてばかりいるんです」

「こう見えて、私はそそっかしい性格なもので、しょっちゅう失敗しているんです」

報われる人の習慣

恥ずかしい部分を隠さない

「よく忘れ物をするんですよ。やっぱり私はダメですよね」

そんなふうに、自分の恥ずかしい部分、ダメな部分を「隠すのではなく、打ち明けてしまう」のです。

周りの人たちは、「弱点がある人」に親近感を抱きます。

「あの人にも、ああいう弱みがあったんだ」と、ほほえましい気持ちになります。

良くないのは、「まじめで、面白みがなくて、自分の弱点を隠そうと、いつもツンとすましている人」です。

こういうタイプの人は、周りの人たちから敬遠されてしまいがちです。

実際、そのことで「損なこと」もあるかもしれません。

しかし、「まじめで、面白みがないけれども、自分の弱みを打ち明ける人」は、むしろ、多くの人たちから愛されます。

その結果、その人の人生に「得なこと」をもたらすでしょう。

2章のポイント

◇ 要領がいいだけでは、長い目で見ると、
高い評価は得られない

◇ 口がうまい人よりも、まじめにやる人が最後には勝つ

◇ 「私は損してる」と思えてしまうとき、
禅の言葉「行解相応」「他は是れ吾にあらず」を思い出す

◇ いくつになっても、新しいことに挑む気持ちを持ちつづける

◇ ムリに「面白い人」になろうとしないほうがうまくいく

◇ 「いつも笑顔を絶やさない」を心がける

◇ 人は「弱みをかくさない人」に好感を抱く

memo

3章

人に譲《ゆず》る
……しかしソンはしない

譲る人は得をし、譲らない人は損をする

人に何かを「譲《ゆず》る」ということは、決して自分が「損をする」ということではありません。

たとえば、チームでの仕事のやり方で、誰かと意見が対立したとします。

そのような時は、相手の意見に譲歩して、自分の意見を変更してもいいのです。

それは決して「自分が損をする」ということではありません。

こういうケースで、もし一切の譲歩を拒んで、あくまで自分の意見にこだわり続ければ、きっと、相手との意見は対立したままで終わり、協力して仕事を進めていくのは不可能になってしまうでしょう。

そのために、大きな成果を得ることもできなくなるに違いありません。

一方で、譲歩すれば、そこに良い協力関係が生まれます。

力を合わせて、チーム全体で大きな成果を上げることもできるかもしれません。

大きな成果が出れば、結果的に、それは自分にとって「得になる」のです。

チームでやる仕事では、周りの人たちと力を合わせていってこそ、大きなことを成し遂げられます。

しかし、その過程で、周りの人たちと意見が食い違ってしまう場合もよくあります。

その際、異なった意見を一つにまとめていくために大切なのが「譲る」という精神を持つことなのです。

譲るという気持ちを持つことで、全員で得することが可能になります。

もし譲らないで個々人が我を張り続けていたら、全員が損をすることになってしまうでしょう。

譲るからこそ、結果的にみんなが「得する」のです。

報われる人の習慣

譲り合いの精神で、異なった意見をまとめていく

自分の希望が10あれば9つまでは譲っていい

現在の阪急・東宝グループの創業者である小林一三《いちぞう》（19〜20世紀）は、「九つ譲れ、一つがんばれ」と述べました。

「自分の希望が十個あるならば、そのうちの九つは他人の意見に譲歩していい。自分の希望を曲げないでがんばるのは、十個あるうちの一つだけでいい」という意味です。

たとえば、会社での会議、あるいは取引先との商談で、自分の希望と相手の意向が違ってしまう場合があります。

また、フリーランスの人たちで集まり、協力して一つの仕事をするという場合でも、それぞれ意見が異なる時があります。

その場合は、相手の意見に譲歩して、全員が進むべき方向性と気持ちを一つにまとめていくことが必要になります。

この小林一三の言葉は、その際の「譲歩の目安」について述べているのです。

もちろん、自分の希望をすべて捨て去って、全面的に相手に譲歩する必要はありません。自分の希望を相手に了解してもらうのも大切です。

相手に譲る部分もあれば、相手に譲らない部分もあっていいのです。

しかし、小林一三は、その「相手に譲らない部分」とは、「十個あるうちの一つ」だけでいい、と言うのです。これだけは譲れないと、がんばって自分の希望を通すのは、「十個あるうちの一つ」でいいと考えたのです。

そのくらい謙虚な気持ちを持って、相手に譲歩していくことが、一つの仕事にかかわる全員を一つにまとめていくコツになります。

そして、みんなで協力して大きな力を発揮していくコツなのです。

そして、それが、結果的に自分自身にもっとも得になるということです。

人に譲る精神を持ち、みんなで力を合わせていくことで、もっとも大きな見返りを自分自身が得られるのです。

報われる人の習慣

譲らないのは10のうち1つでいい

「譲る精神」が商売を繁盛させる

ある人が、商店街でラーメン屋を開きました。

そのラーメン屋はとても繁盛しました。

その話を聞いて、また別に、その商店街にラーメン屋を出店したいという人が現れました。

しかし、先にその商店街でラーメン屋を始めていた人は、その話を聞いて、「ライバル店が増えれば、店の売り上げが減ってしまう」と考えて、商店街の組合などに働きかけて、ライバル店がその商店街に出店できないようにしてしまいました。

確かに、その結果、そのラーメン屋は売り上げが減ることはありませんでした。

一方、また別の商店街にも、繁盛しているラーメン屋がありました。

その商店街にも、また別のラーメン屋が出店したいと願い出てきました。

その話を聞いたそのラーメン屋は、「ライバル店が増えれば、それだけお互いに切磋琢《せっさたく》磨《ま》して、さらに美味しいラーメンを出すようになるだろう。そうすれば、良い評判が広がって、さらにお客さんが増えるだろう」と考えました。

その結果、予想通り、その店は良い評判が広がって、お客さんが増えたと言います。

ライバル店ができることによって、お客さんを奪い合って、お客さんが減るという事態にはならなかったのです。

むしろ、以前に比べて、さらに一層売り上げが増えたのです。

他店の出店に譲歩することで、このような相乗効果が生まれて、むしろ得をするというケースもあります。

江戸時代後期の農業指導者であり、また思想家だった二宮尊徳（18～19世紀）は、「譲《ゆず》るに益《えき》あり」と述べました。

これは、「人に譲る精神を持つ人が、利益を得られる」という意味です。

報われる人の習慣

「自分だけ儲けよう」では儲からない

「人に道を譲り、食べ物を譲る」という生き方をする

中国の古典で、人の生き方を説いた思想書である『菜根譚《さいこんたん》』（洪自誠《こうじせい》（16〜17世紀頃）・著）の中で、次のような事が述べられています。

「狭い小道で人と出会ったら、自分から道を譲って、先に相手を通してあげる。美味しい食べ物は、自分の分から三割ほど相手に譲り与えてあげる。このような『人に譲る』という心がけこそ、この世を渡っていく上で極めて安全な方法である（意訳）」

「道を譲る」「食べ物を譲る」というのは喩《たと》えです。

この言葉は、「何事であれ、『人に譲る』という意識を持って生きていくことが大切だ」という意味を述べているのです。

仕事であれ、日常生活に起きる様々なことであれ、友人との関係においてであれ、「人に譲る」という意識を持っていくのが大切です。

そうすることで、平穏な人生を実現できます。安らかな気持ちで暮らしていけるのです。

報われる人の習慣

人に譲る意識を持つと安心して生きていける

「人に譲る」という意識を持つ人は、周りの人から好かれます。

また、尊敬もされ、大切にされます。

もし自分が窮地に陥るようなことがあっても、普段から「人に譲る」という意識を持つ人は、周りの人が助けてくれるのです。

そのようにイザという時に支えになってくれる人がたくさんいるから、「人に譲る」という意識を持つ人は安心して生きていけます。

そういう意味で、菜根譚は、『「人に譲る』という意識を持つことは、この世を渡っていく上で極めて安全な方法である」と述べているのです。

言い換えれば、人生において大きな「得をする」ということでもあるのです。

人に譲るというのは、損をするように見えても、決してそうではありません。

感情的になりやすい人に上手に譲歩していく

「人に譲る」と心がけていく生き方が、「下手なリスクを避けて、平穏に生きる」ということにつながります。

アメリカの第16代大統領であるエイブラハム・リンカーン（19世紀）は、「細い道で犬に出会ったら、権利を主張して咬《か》みつかれるよりも、犬に道を譲ったほうが賢明だ」と述べました。

この言葉にある「犬」は、様々な意味に理解できると思います。

たとえば、「怒りっぽい人」です。

感情的になりやすく、すぐに怒り出す人と意見が対立したとします。

そんなタイプの人に対して、こちらの意見を曲げずに、一つも相手に譲歩せずに、自分の意見を主張し続けたとします。

そんなまねをしたら、相手はカンカンになって怒り出すでしょう。

口汚い言葉で、ののしってくるかもしれません。場合によっては、暴力的な行為に出るかもしれません。

そういう状況になれば、自分自身が嫌な思いをするばかりですし、場合によっては、身の危険にさらされます。

従って、相手の意見に上手に譲歩して、相手を怒らせないようにするほうが賢明なのです。それも「平穏に生きる」ための一つの方策なのです。

そういう意味を、リンカーンは、この言葉で述べているのです。

また、たとえば、相手が「強い権力を持つ人」である場合も同様です。

そんな相手に対しても、一切譲歩することなく自分の意見を押し通そうとすれば、相手は権力を使って何をしてくるかわかりません。

やはり、どうしても譲れない場合は別として、できる限り上手に譲歩するほうが「自分のため」でもあるのです。

報われる人の習慣

上手に譲ることが「賢い選択」になることもある

困っている人のために譲れば大きな幸福感を得られる

禅の言葉に、「床座施《しょうざせ》」というものがあります。「床座《しょうざ》」とは、「座る場所」という意味です。

「施《せ》」は、「施《ほどこ》す。与える。譲《ゆず》る」といった意味です。

つまり、「座る場所を譲る」ということです。

もし近くに、疲れきっている人や、あるいは体力のないお年寄りがいたら、座っている場所をその人に譲って休ませてあげるのです。

そのように人のために良いことをする行為が、自分自身の徳を積み上げていくことに役立つのです。

そして、そのような善行が、自分自身の幸福感につながっていくのです。

善い行いという意味では、「座る場所を譲る」ということの他にも色々なものがあると思います。

報われる人の習慣

余裕がある時には、恵まれない人のために寄付してみる

たとえば、「お金を譲る」というのも善行の一つです。

お金に少し余裕がある時は、それを恵まれない人や、自然災害などにあって困っている人のために寄付するのです。

そうすることで、「人のために善い行いをした」という充実感と幸福感を得ることができます。

他人のためにお金を寄付するということは、ある意味では「損をする」ということなのかもしれません。

しかし、それ以上に、大きな充実感と幸福感を得られるのです。

そういう意味では、人のためにお金を寄付するのは、決して損することではなく、むしろ得することと考えていいのです。

それは「人のため」であり、同時に「自分のため」でもあるのです。

聞き役に回るのは損ではない

「いつも聞き役に回ってしまい、自分の意見を言い出せない」という人がいます。

そして、自分の気持ちをはっきり相手に伝えられないために、「いつも私は損をしている」と考えている人がいます。

しかし、このようなタイプの人は、自分で考えているように「損をしている」というわけではないと思います。

むしろ、得をしている場合も多いのではないでしょうか。

「強く自己主張をするよりも、まずは相手の言うことを良く聞く」という姿勢で人に接することができる人は、好かれます。

「謙虚な人だ。良い人間性を持った人だ」といった好印象を与えるのです。

ですから、そのような人は相手から尊重されます。

相手から「あなたの意見もぜひお聞かせください」と尋ねられ、自分の話す意見を尊重して取り扱ってもらえます。

ですから、いつものように聞き役に回ったままでいいのです。

最終的には、自分の意見を尊重して取り扱ってもらえるのですから、損をするどころか、「むしろ、私は得をしている」と考えるほうがいいのです。

一方で、相手の話を聞かず、自分の意見ばかりをベラベラとまくし立てる人がいます。

いわゆる自己主張が強すぎる人です。

このようなタイプの人のほうが、実は、損をしているのです。

なぜなら、このような自己主張が強い人は、相手に悪い印象を与えます。

「自分のことしか頭にない、わがままな人だ」という印象を与えてしまうのです。

そのために、いくらベラベラと自己主張しても、その意見は相手から少しも尊重してもらえません。

結果的に、聞き役のほうが得なのです。

報われる人の習慣

相手の話をよく聞く人のほうが、むしろ得をしている

人の話を聞くのは「辛抱のいること」だが得にもなる

書道家であり、また詩人だった相田みつを（20世紀）は、

「人の話を聞く、というのは辛抱《しんぼう》のいることです。自分を押さえなければ人の話は聞けませんから」

と述べました。

確かに、相田みつをが言う通り、人の話によく耳を傾け、人の話を聞くというのは、「辛抱のいること」かもしれません。

「辛抱」とは、「辛いけれども、がまんする」という意味です。

自分に何か言いたいことがあっても、それをがまんしなければならないからです。

自分にはもっといいアイディアがあると思っても、相手が話し終わるまでは、じっとがまんして相手の話を聞き続けなければならないからです。

反論したい点があっても、それを言い出すのをがまんしていなければならない時もある

からです。

従って、聞き上手になって人の話を聞くのは、「辛抱のいること」なのです。

しかし、辛い気持ちをがまんしなければならないからといって、人の話を聞くのは「損なこと」ではありません。

言いたいことをがまんしたり、反論したい点があるのに黙っているのを、自分にとって「損なこと」と考える人もいるかもしれませんが、実際はそうではないようです。

人の話をよく聞くという行為によって、得られるものはたくさんあります。

自分が今まで気づかなかった事実に気づかされます。

また、成功のヒントを得られることもあります。

自分のこれからの人生を考える上で、貴重な教示を得られるかもしれません。

従って、聞くことは「辛抱のいること」かもしれませんが、それは「得なこと」につながります。

報われる人の習慣

がまんする気持ちを持って、人の話をよく聞く

聞く態度によって、人の話は得にも損にもなる

事業家の堀場雅夫《ほりばまさお》（20～21世紀）は、「人の話は耳で聞くな。心で聞け」と述べました。

「人の話は耳で聞くな」とは、「上辺《うわべ》だけで人の話を聞いていても、それは何の得にもならない」という意味です。

ここで言う「耳で聞く」とは、たとえば、表面的には人の話を聞いているふりをしているのですが、心は上《うわ》の空でまったく別のことを考えている場合です。

あるいは、心の中で、「まったく、くだらない話ばかりしているな。こんな話を聞いていても、私に得になる点なんて一つもない」といった考えを持ちながら、人の話を聞いている場合です。

そのように上辺だけで人の話を聞いていても、何の得にもならないのです。

従って、人の話を聞く時には、「心で聞く」ことが大切なのです。

「心で聞く」とは、「この人はどんな良い話を聞かせてくれるだろう。楽しみだ」とワク

ワクする気持ちを持って相手の話に耳を傾ける、という意味です。

そのように、ていねいな話の聞き方をしてこそ、相手の話が自分にとって「得になる」のです。

上辺だけで人の話を聞くのでは、時間の無駄になるだけです。

それこそ、人の話を聞く労力を使う分「損になる」だけで終わってしまいます。

従って、たとえ同じ内容の話を聞いたとしても、上辺だけで聞いていては、自分にとって何の得にもなりません。

しかし、心で聞いていれば、得られるものが必ずあるのです。

「あの人の話を聞いて、非常に得になった」と言えるものを得られるからです。

人の話を「損なこと」にするか、それとも「得なこと」にするかは、人の話を聞くときの自分の態度次第なのです。

報われる人の習慣

人の話を上辺だけでなく、心から聞く

二度譲って、一度は主張する

人の好みは、それぞれ違います。

そのために、自分と相手との意見が食い違う時があります。

たとえば、友人と食事に行こうという話になったとします。

自分は和食が好きです。ですから、和食の店へ行きたいと思います。

しかし、友人は洋食が好みです。ですから、「イタリア料理のお店へ行きたい」と言います。

そんな時に、普段から人間関係を大切にしていきたいという気持ちがある人は、相手の意向に合わせて、「それじゃあ、イタリア料理のお店へ行きましょう」と言えます。

その友人と今後も仲良くつき合っていくために、「相手に譲る」という心の広さを持っているのです。

ですから、あまり強く我を張るような行為には走りません。

しかし、一方で、「相手の好みに合わせてばかりで、自分の好みを主張できない私は、いつも損をしている」といった気持ちになる時もあるかもしれません。

確かに、自分の気持ちを押さえつけすぎるのは、「損をしている」という不満やストレスにもつながるでしょう。

従って、こういうケースでは、どうしても食べられない場合は別として、三回に一回ぐらいの割合で、自分の好みを主張するようにする方法があると思います。

基本的には、「相手の好みに合わせて、相手に譲る」ということをベースにします。

三回のうちに二度は、相手の好みに合わせるようにします。

そして、二度相手の好みに合わせて行動した後は、一度だけ、「私はこうしたい。これが私の好みです」と相手に伝えます。

きっと、相手も、その時は気持ち良く、こちらの意向に合わせてくれるでしょう。

そうすれば人間関係もうまくいき、余計な不満も溜まりません。

報われる人の習慣

「いつも」ではなく、「時々」は自分の好みを主張する

3章のポイント

◇ 「10のうち9譲る」ほうが、得られるものは大きい
◇ 上手な譲り方ができれば、キレやすい人、主張の激しい人と折り合いをつけられる
◇ 「寄付」がもたらす充実感と幸福感を知っておく
◇ つい「聞き役に回ってしまう」のは損ではない
◇ 耳でなく「心で」聞く

memo

4章

ていねいに生きる
……しかしソンはしない

ていねいに報告・連絡・相談をするのは「得なこと」

「報連相《ほうれんそう》」という言葉があります。

「報告・連絡・相談」という意味です。会社などでは、この報告・連絡・相談をていねいに行っていくことが大切だと言われています。

ある男性も、この「報連相」をていねいに行っています。

仕事の状況をていねいに上司に報告し、何か問題が起こった時は取引先にていねいに連絡し、同僚たちともていねいに相談しながら仕事を進めています。

しかし、最近、彼は、そんな「ていねいな自分自身」を「損をしているのではないか」と感じる時があります。

というのも、上司に報告する度に「何をしているんだ」と怒られ、取引先に連絡するごとに「困るんだよ」と文句を言われ、同僚に相談すると「迷惑なんだよ」と嫌がられることが多いからです。

こんな嫌な思いをするならば、いっそ、報告・連絡・相談などせずに、自分で勝手に仕事を進めていくほうが得ではないかと感じてしまうのです。

もっと、いいかげんに仕事をしていくほうが得ではないかと感じる時もあるそうです。

しかし、やはり、報告・連絡・相談はていねいに行っていくほうが良いと思います。

報告・連絡・相談をていねいに行うために、時には、怒られたり文句を言われる時もあるかもしれません。

しかし、報告・連絡・相談をていねいに行う人は、相手から信頼されます。周りの人たちの信頼を勝ち取るのは、長い目でみれば決して「損すること」ではないのです。周りの人たちから信頼されていてこそ、いい仕事ができます。また、重要な仕事も任せてもらえるでしょう。

従って、言わなくてもいいことは別にして、ていねいに報告・連絡・相談を行うのは「得なこと」なのです。

報われる人の習慣

報告・連絡・相談をていねいにして、信頼を勝ち取る

「……していいですか」と、おうかがいを立てる

ある女性は、とてもていねいに人とつき合っています。

たとえば、自分で何かしたいことがあっても、相手が関わっていると、勝手にそれをやってしまう、ということはしません。

自分の行動のために、身近な人に迷惑をかけたくないと考えます。

また、自分の行動によって、周りの人を嫌な思いにさせたくないと思っています。

従って、彼女は、何かをする時には、いつも「身近にいる人に、おうかがいを立てる」という習慣を持っています。

たとえば、会社の同僚には、「私、来週の金曜に有休を取ってもいいですか?」と、おうかがいを立てます。

家庭でも、夫に、「趣味の会に参加したいと思っているんだけど、いいかな?」と、おうかがいを立てるのです。

しかし、彼女はそんな自分自身を最近、「損をしているのではないか」と感じてしまう時もあると言います。

というのも、「……してもいいですか？」と、うかがいを立てるばっかりに、相手から「ダメだ」と言われてしまう場合もあるからです。

相手から「ダメだ」と言われれば、腹が立ちますし、嫌な思いにもなります。

いちいち、おうかがいを立てるなんて面倒だという気持ちにもなってくるのです。

確かに、相手から「ダメ」と言われたら、正直、おうかがいを立てるなんて面倒だという気持ちになる時もあるでしょう。

しかし、そうではあっても、「……してもいいですか？」と、ていねいに、おうかがいを立てていくほうが賢明です。

というのも、ていねいな人間関係を心がけていくと、周りの人たちから好かれるからです。相手と愛情のこもった人間関係を築いていくのは、結局は「得なこと」になります。

報われる人の習慣

おうかがいを立てるのは、決して「損なこと」ではない

人は「横柄」から離れ「謙虚」に集まる

「あなたよりも、私のほうがずっと立場が上なんだ」と言いたげな、横柄な態度で相手に接する人がいます。

一方で、どのような相手であっても、腰を低くして、謙虚に、ていねいな態度で相手に接する人もいます。

どちらのタイプの人が得をして、どちらのタイプが損をするのかと言えば、得をするのは後者です。

つまり、「腰が低い人」です。

損をするのは前者、つまり「横柄な態度の人」です。

しかし、中には、これを勘違いしている人もいます。

「下手にへりくだった態度に出れば、相手にいいようにつけ込まれて、損をするだけだ」と考えてしまう人もいるのです。

そのために、その人は無理をして強気な態度を見せてしまうのです。

無理をして相手を見下し、偉そうな態度を取ってしまうのです。

しかし、そのような横柄な態度を示せば、相手から嫌われます。

そのような横柄な態度を取り続ければ、周りの人がドンドン離れていきます。

人が離れていくと共に、得になることも離れていくのです。

一方で、腰を低くして、ていねいに相手と接する人は、相手から好感を持たれます。

このタイプの人は人から好かれ、周りにはたくさんの人が集まってきます。

たくさんの人が集まってくる共に、自分に得になるような話もたくさん舞い込んでくるのです。従って、謙虚に、ていねいに相手とつき合っていくほうが、得することがたくさんあるのです。

腰が低くて損をしていると思っている人は、これまで通り謙虚に人とつき合っていけばいいのです。

報われる人の習慣

得になることは「人」と共に集まってくる

実るほど頭《こうべ》を垂れる人になる

「実るほど頭《こうべ》を垂《た》れる稲穂《いなほ》かな」ということわざがあります。

「稲穂」とは、「米《こめ》が実る穂」を意味します。

稲穂は、米が実っていくにつれて、その米の重みから、だんだんと穂が垂れ下がってきます。

ここで言う「米が実っていく」というのは、「人が偉くなっていくこと」を示しています。

それに従って「頭を垂れる」というのは、「相手に対して謙虚になっていく」という意味を表しています。

つまり、「稲穂は米が実っていくに従って垂れ下がっていくように、人間は偉くなるに従って謙虚になっていくべきだ」と指摘しているのです。

言い換えれば、このことわざは、「人は偉くなると、つい横柄な態度を取ってしまいがちだが、それはいけない。偉くなったからこそ、謙虚な態度で相手とつき合っていくのが大切だ」と述べているのです。

なぜなら、偉くなって横柄な態度を取れば、周りの人たちから嫌われてしまうからです。

「あの偉そうな態度は、なんだ」と反感を買う結果になるのです。

そのために、リーダーシップを発揮できなくなります。

せっかく偉くなっても、誰もついてきてくれなくなってしまいます。

つまり、得になることは何もありません。

一方で、偉くなっても謙虚な態度で相手に接する人がいます。

このようなタイプの人は、周りから信頼されます。尊敬もされます。

そして、周りの人たちに、「あの人のために、私ができることをしてあげたい」という気持ちを起こさせます。

つまり、謙虚になれば「得になること」がたくさんあるのです。

偉くなっても横柄な態度を取らない

ていねいに生きている人はあいさつを大切にしている

日常生活をていねいに生きることをモットーにしている人は、人と交わす「挨拶《あいさつ》」を大切にします。

「おはようございます」

「お元気ですか」

「こんにちは」

「お疲れ様です」

家族であっても、近所の知り合いであっても、仕事の関係者に対してであっても、人と顔を合わせた時には、そんな挨拶を忘れません。

なぜかと言えば、挨拶は、良いコミュニケーションが始まるきっかけになるからです。

従って、普段から挨拶を大切にしている人は、周りにいる人たちとのコミュニケーションが密《みつ》なのです。

従って、お互いに意思疎通ができ、円満な人間関係も保っていけます。

知らず知らずのうちに気持ちや考えが食い違っていき、そのためにトラブルになる、という事態も少ないのです。

ですから、人との挨拶はこまめにしていくほうがいいでしょう。

しかし、一方で、こちらから挨拶をしても、相手から無視される、という時もあります。

「おはようございます」と語りかけても、返事をしてくれない、という場合もあります。

そんな経験をすれば、嫌な気持ちにさせられるでしょうし、「損をした」という気持ちにもさせられるかもしれません。

しかし、あまり気にしないほうが賢明です。

相手から無視されようが、挨拶をし続けます。

そうすれば、いずれ相手も心を開いて挨拶を返してくれるようになるでしょう。

そこから良いコミュニケーションができ、良い人間関係が生まれます。

報われる人の習慣

あいさつをきっかけに、良いコミュニケーションをはかる

あいさつは「笑顔を引き出す魔法」になる

小学校によく掲げられている標語があります。

「挨拶は、心を開く、第一歩。
挨拶は、笑顔を引き出す、魔法だよ。
挨拶は、みんなの心を、変えてるよ」

というものです。

「挨拶は、心を開く、第一歩」とは、一つには、「自分自身の心を相手に開く」という意味でしょう。また、もう一つには、「挨拶によって、相手の心を開かせる」という意味もあると思います。

つまり、挨拶によって、お互いに心を開き合ったつき合いが始まるのです。

「挨拶は、笑顔を引き出す、魔法だよ」とは、「こちらが笑顔で『おはよう』と挨拶すれば、相手も笑顔になって返事をしてくれる」という意味です。

報われる人の習慣

挨拶によって、もっと楽しくなる、もっと笑顔になる

お互いに明るい笑顔でつき合っていきたいと思うのなら、自分から笑顔で相手に挨拶するようにするのです。自分の笑顔が、相手の笑顔を引き出す魔法になるのです。

そして、お互いに挨拶をひんぱんに交わすようになれば、自分も、そして自分の周りにいる人たちも皆、お互いに心を開いてつき合っていけるようになります。

つまり、お互いに明るい笑顔でいられるようになります。

そういう意味が、最後の「挨拶は、みんなの心を、変えてるよ」という言葉にこめられているのです。

そういう意味で、挨拶には、良い効果、得になることがたくさんあるのです。

しかし、残念ながら、挨拶の重要性を意識していない人も増えてきているようです。

「挨拶なんて面倒だ。損なことだ」と考えているのかもしれません。

そういう人は、試しに自分から挨拶するようにしてみればいいのです。そうすれば、自分も、みんなも、良い方向へと「心が変わる」のを実感できると思います。

あいさつによって、相手の心や体の調子を知る

「挨拶」という言葉の語源は、禅にあります。

禅では、「一挨一拶《いちあいいちさつ》」とも言います
「挨《あい》」には、「相手に迫っていく」という意味があります。

「拶《さつ》」は、「相手に強く訴えかける」ということです。

つまり、「一つ相手に声をかけて迫り、一つ相手に声をかけて強く訴えかける」というのが、「挨拶」なのです。

たとえば、禅の師匠が、弟子に「おはようございます。元気ですか」と声をかけます。

それは、言い換えれば、そうすることで相手の心に迫り、相手の心の中に切り込んでいく、という行為なのです。

それに対して、弟子は返事をします。その返事の仕方で、「この人間は、どの程度修行が進んでいるか。どの程度まで悟りに達しているかがわかる」と、禅は考えているのです。

ですから、禅の修行の場では、お互いに声をかけ合って、お互いの修行の進み具合を確かめ合うのです。

この禅の考え方や習慣は、一般の人の日常生活にも役立つものがあると思います。

つまり、誰かに「おはようございます」「こんにちは」と声をかけるのには、「その相手の心の状態や、体調を知る」という意味もあるのです。

誰かに挨拶をして、その返事の声のトーンを聞き取ることによって、

「声に元気がない。この人には、きっと、何か悩み事があるに違いない」

「声に元気がないし、顔色も悪い。たぶん、体調が悪いのだろう」

と気づく時があります。

それに気づけば、「どうしたんですか。何でも相談してください」「少し休まれたほうがいいと思います」と、相手を気遣う言葉もかけられるのです。

挨拶によって、そのように人を気遣っていくことも、人間関係を円満にします。

報われる人の習慣

挨拶を「相手を気遣う行為」に結びつけていく

「自分の時間」を他人のために使って生きていく

「ていねいに生きる」とは、言い換えれば、「時間を大切に使っていく」という意味にもなると思います。

「時は金なり」という格言もありますが、人生には限りがありますから、時間というものはまさに金銭と同じように貴重なものなのです。

その貴重な時間を有意義に使ってこそ、充実した人生を実現することができます。

また、それが「ていねいに生きる」ということにもつながっていくと思います。

しかし、そこで、「貴重な時間だからこそ、自分の利益のために使おう。他人のために、自分の時間を使うなんて損だ」と考える人も出てくるかもしれません。

また、もう一方では、「『自分の時間』をなかなか作れない。私はいつも人のために『自分の時間』を使ってばかりいる。そういう意味では、私は損ばかりしている」と考える人もいるかもしれません。

確かに、その人の時間とは、「その人のもの」なのでしょう。

ですから、その貴重な時間を「自分のため」に使いたくなるのもわかります。

また、「自分の時間」を持つのも大切だと思います。

しかし、その時間を「他人のため」に使うのも有意義なのです。

自分の大切な時間を、友人や家族のために使うのも大切です。

あるいは、ボランティアなどに参加して、恵まれない人たちのために、あるいは社会貢献のために「自分の時間」を使うのは非常に大きな価値があるのです。

というのも、人の喜びのために、自分の貴重な時間を使うのは、大きな満足感と幸福感を自分自身にもたらしてくれるからです。

従って、「自分の時間」を自分のために使うのも大切ですが、他人のために使うのもまた価値があると理解してほしいと思います。他人のために自分の時間を使うのは、決して「損なこと」ではないのです。

報われる人の習慣

他人のために「自分の時間」を使うと、大きな喜びを得られる

愛する人のために「自分の時間」を使う

ある女性は、次のような告白をしています。

彼女は独身だった頃、自分に与えられた時間をほとんど「自分のため」に使っていました。

自分が好きな時に、好きなことをして暮らしていました。

自分が好きな時に旅行をし、自分が好きな趣味に時間を費やし、自分が好きな遊びをするためだけに時間を使っていました。

しかし、必ずしも、充実感は得られなかった、と言います。

どこか、虚《むな》しい気持ちだった、と言うのです。

そして、生活も乱れたものになっていきました。

そんな彼女の生活が一変したきっかけは、結婚でした。

そして、子供ができたことでした。

結婚して子供ができてからは、自分の時間を自分が好きなように使えなくなりました。

時間はほとんどすべて、夫のため、子供のために使うようになりました。

しかし、独身時代よりも、今はずっと充実した生活を送れていると言います。

また、幸せであるとも言うのです。

ていねいな暮らし方もできるようになりました。

この話は、幸せな時間の使い方というものを教えてくれていると思います。

もちろん自分の好きなことのために使う「自分の時間」も幸せの一因です。

しかし、時間を自分のためだけに使うのでは、その人は本当の意味で幸せにはなれないと思います。

「自分の時間」ではあっても、それを愛する人のために使ってこそ、本当の意味で幸せを得られます。

人のために「自分の時間」を使うのは、決して「損なこと」ではないのです。

報われる人の習慣
愛する人のために「自分の時間」を使うと、幸せになれる

4章のポイント

◇ 一見きまじめに思えるような「ていねいさ」が信頼を集める
◇ 「腰の低さ」は「人につけ込まれて損」ではない
◇ あいさつに表れる、その人の生き方
◇ 禅の修行では「あいさつ」で相手の修行の進み具合を見抜く
◇ 時間を相手のため、他人のために使うことの
価値の大きさを知る

memo

5章

謙虚に生きる
……しかしソンはしない

自慢話をしなくても損はしない

謙虚な人は、自慢話をするのが得意ではありません。

そして、これといった自慢話をできないために、「私は損をしている」と考えている人も少なくありません。

しかし、自慢話をしないから「損をする」ということはないのです。

むしろ、反対に、しつこく自慢話をしたばっかりに「損をする」というほうが実際には多いのです。

確かに、自分に何か得になることを呼び込もうと、自慢話ばかりをする人がいます。

「私には、すばらしい英語の能力がある」

「私は過去に、大きな実績をたくさん残してきた」

「私は有名人に強い人脈を持っている」

このような自慢話をすれば、相手から「すごい」と思われて、自分が得するような話を

報われる人の習慣

自慢話などしないほうが、得をする

もらえるのではないかと期待するのです。

しかし、現実は、その期待通りにいきません。

というのも、あまり繰り返ししつこく自慢話をすると、相手から怪《あや》しまれる場合も多いからです。

「『すばらしい能力がある』と言っているが、実際には、大した能力などないのではないか」と思われてしまいがちなのです。

そういう意味では、むしろ、あまり自慢話などしないほうがいいのです。

謙虚な態度で、「英語は話せますが、大したことはありません」と言っておくほうが賢明です。

そのような謙虚な人のほうが、相手から信頼されます。

その結果、得になる話をしてもらえる可能性が高まります。

自慢をするからボロが出る

古代中国の思想家である老子（生没不明）の言葉に、「つま先立つ者は、長い間立っていられない」というものがあります。

「つま先」とは、「足の指の先」という意味です。

「つま先立ち」とは、「足の指の先を立てて立つ」という行為を表しています。そのような立ち方をしている人は、「長い間立っていられない」と老子は述べているのです。

また、一方で、この言葉にある「足の指の先を立てて立つ」は、「無理をして背伸びをする」、つまり「無理をして自分を大きく見せる」という意味を示しているのです。

たとえば、自慢話をして、自分を大きく見せようとする人がいます。

自慢話ばかりして、「私は、すごい人間だ」という印象を相手に植えつけようとします。

そのような人は、「長い間立っていられない」というのです。

すなわち、どこかでボロが出て、評判を落としてしまい、自分自身が恥ずかしい思いをすることになるのです。

つまり、「しっかりとした足取りで、着実に生きていけない」というわけです。

従って、老子は、「自慢話をして自分を大きく見せようとするのではなく、謙虚に生きていくことが大切だ」と説いているのです。

そうすることで、周りの人たちから信頼されて、自分自身も地に足をつけた、しっかりとした生き方をしていけるのです。

自慢話をしたばっかりにボロが出て、周りの人たちの評判を落としてしまうのでは、それは自分自身にとって「損をする」ということにつながります。

ですから、損をしたくなければ、大きく背伸びした自慢話などしないほうが賢明です。

自慢話などせず、謙虚に生きている人は、周りの人から「人格者だ」と尊敬の念を集められます。

そのほうが、自分自身にとっては、ずっと「得になる」のです。

報われる人の習慣

「自慢話をすることは、損することだ」と知っておく

「わかったようなこと」「気の利いたこと」を言わない

内閣総理大臣でもあった田中角栄（20世紀）は、

「わかったようなことを言うな。気の利《き》いたことを言うな。そんなものは、聞いている者は一発で見抜く。借り物でない自分の言葉で話せ。そうすれば、初めて、人は聞く耳を持ってくれる」

と述べました。

「分かったようなことを言う」というのは、「そのことについて、いかにも自分には深い知識や、たくさんの経験があるということを、相手にわからせるような話し方をする」という意味です。

「気の利いたことを言う」とは、「自分には豊かな教養があり、言葉遣いもうまいということを、相手に知らしめるような話し方をする」という意味です。

その本人とすれば、そのように「分かったようなことを言い」、また「気の利いたことを言う」ことによって、相手から認められたいという意識が働いているかもしれません。

認めてもらえれば、自分が得になるような話をしてもらえるかもしれない、という期待もあるのでしょう。

しかし、そのような下心は、「一発で見抜かれる」と田中角栄は述べているのです。

その結果、自分に得になるような話は何一つしてもらえないことになります。

むしろ、わかったようなことなど話さなくていいのです。

気の利いたことなど言わなくていいのです。

ありのままの「自分の言葉」で、謙虚に相手に訴えかけるほうがいいのです。

そのほうが、相手の心に響き、聞く耳を持ってくれるのです。

そして、こちらの主張を受け止めてくれて、自分に協力してくれるかもしれないのです。

報われる人の習慣

ありのままの自分の言葉で、謙虚に伝える

「上から目線」に隠されている心理とは？

「上から目線」という言葉があります。

「いかにも相手を見下した態度で接する」という意味です。

行動心理学では、とかく、このような「上から目線」で相手に接する癖《くせ》がある人は、心の内に「認められたい。尊敬されたい。優位に立ちたい」という意識が隠れている、と言われています。

言いかえれば、自分自身の能力にあまり自信がないのです。

そのため、周りの人たちから「認められたい。尊敬されたい。優位に立ちたい」という意識が強くあるのです。

その「自分に自信はないが、周りからは『すごい人だ』と認められたい」というジレンマから、「上から目線」という横柄な態度が出てきてしまうのです。

その理由の一つは、相手から「実は自分に自信を持てないでいるということを、見抜かれたくない」という心理があります。

もう一つには、「私には、多くの知識と経験と、恵まれた才能があるということを、相手に知らしめたい」という気持ちがあります。

また、そうすることによって、自分の存在感や立場を強めたりするといった、何か自分に「得になること」を得たいという思いも働いているのかもしれません。

しかし、実際には、得になることなど何一つありません。

「上から目線」という横柄な態度は、相手に不快感を与えます。

不快感を与えるような相手と親しくなりたい人はいないでしょう。

また、「上から目線」という偉そうな態度は、かえって相手から軽蔑されてしまう原因になります。

従って、自分の存在感や立場を強めるどころか、かえって低めてしまうのです。

謙虚な人のほうが損をしているように見えて、結局は得なのです。

報われる人の習慣

損をしたくなければ「上から目線」をやめる

自分に謙虚に体調を管理する

働きすぎのために、体調を崩してしまう人がいます。

なぜ病気になるまで働きすぎてしまうのかと言えば、人それぞれ理由があると思います。

たとえば、その理由の一つに「とにかく収入を増やしたい」というものがあります。

確かに、がんばって働けば、それだけ収入は増えるかもしれません。

そして、ある程度の収入に達すると、今度はその収入を減らしたくないという気持ちが生まれてきます。

今の収入を維持したい、できれば、さらにもっと収入を増やしたいという気持ちになってくるのです。

しかし、がんばるのをやめてしまったら、収入が減ってきてしまうのです。

ですから、本当は疲れきって、体調も良くないという状態であっても、がまんしてがんばり続けてしまいます。

ですが、そのために結局は、体を壊してしまうのです。

体を壊してしまったら、もうがんばることはできません。

否が応でも、収入が下がっていきます。

自分の健康を損ね、しかも収入も下がるのです。

そうならば、不調を感じた段階で、謙虚な気持ちになって、がんばるのをセーブするほうがいいと思います。

そのために収入が下がるかもしれません。

それは、ある意味、損することなのかもしれません。

しかし、「健康を保てる」という意味では、自分にとっては得になることなのです。

人間にとって何よりも大切なのは、「健康」だと思います。

収入が多いからといって人は必ずしも幸福にはなれませんが、健康であれば、たとえ収入がそれほどなくても、幸せに生きていける方法はたくさんあります。

報われる人の習慣
体をこわすほどの無理は自分のためにならない

能力の限界をわきまえ無理をしない

鎌倉時代から南北朝時代にかけて活躍した随筆家である吉田兼好《けんこう》（13〜14世紀）は、「自分の分《ぶん》を知って、自分の分を超えた時には、すぐにやめるのが賢明である。自分の分を知らずに、無理をしてがんばりすぎてしまうのは愚かだ」と述べました。

この言葉にある「分」とは、「自分の能力の限界」を意味します。

幸せに生きていくコツ一つに、「自分の能力の限界」を自分自身でよく知っておく、ということがあります。

そして、「これはもう私の能力の限界を超えている」と気づいた時には、「あきらめる」「やめる」という選択をすることが大切です。

自分の能力の限界を超えているにもかかわらず、無理をしてがんばろうとすれば、体調を壊したり、また家族や仕事仲間たちとの関係が悪化してしまうという事態にもなりかねないのです。

従って、謙虚な気持ちで自分の能力の限界を知り、それを超えている場合には、無理をしないと心がけていくのが賢明です。

しかし、自分の能力を超えているかもしれないと感じながら、「今、手を引いてしまったら、せっかくのチャンスを逃すかもしれない。自分の人生にとって損になるかもしれない」と思う時もあるかもしれません。

確かに、チャンスを逃してしまうかもしれません。

しかし、そこで無理をしてがんばりすぎて、その結果として健康を損ねたり、身近な人との人間関係が悪くなるのだとすれば、それこそ自分の人生にとっては大きな損失になります。

そういう意味では、自分の能力を超えている場合、「あきらめる」「やめる」ということは、実は自分の人生にとって得になることなのです。

報われる人の習慣

「無理しない」ことが、自分の人生にとっては得になる

下手な虚栄心から信用は崩れる

「できるかどうかわからない。いや、たぶん、私にはできないだろう」という不安を感じながら、「できます。私に任せてください」と言ってしまう人がいます。

いわゆる「できないことを、できると約束してしまう」というタイプの人です。

心理学では、このようなタイプの人は、特に、男性に多いと言われています。

なぜ男性に多いのかと言えば、男性は一般的に「虚栄心が強い」からです。

虚栄心から、本当は自信がないのに、「できる」と言ってしまうのです。

もし、そこで、正直に「できない」と答えてしまったら、相手から「ダメな人だ。能力がない人だ」と思われてしまうかもしれません。

また、「せっかくのチャンスを逃すことになるかもしれない。チャンスを逃したら、自分にとっては損になる」という気持ちも働きます。

そのために、自信がないのに「できます」と言ってしまうのです。

しかし、結果的には、そのために自分が困った状況に追い込まれることもあります。途中で、「やっぱり私には無理です。できません」と、いったん引き受けたものを放り出してしまう事態になりかねません。

そうなると、周りの人たちからの信用はガタ落ちになります。「信用を失う」ということは、結局は、自分自身にとって大きな損失になってしまうのです。

そういう意味では、自信がないことには正直に「自信がありません」と、できないことには謙虚に「できない」と答えておくのが賢明です。

そのような正直な人、謙虚な人が、むしろ、周りの人たちからは信用されるのです。

正直に、謙虚に生きて、周りの人たちの信用を勝ち取っていくほうが、長い目でみると自分の人生にとっては得になります。

下手な虚栄心は捨てるのが賢明だと言えます。

報われる人の習慣

できそうにないことは、謙虚に「できない」と認める

知ったかぶりをせず教えてもらう

虚栄心から「知ったかぶり」をする人がいます。

本当は経験もそれほどなく、よく知らないのにもかかわらず、「私は、その件については詳しいんです。あなたに教えてあげましょう」といった言い方をします。

相手に、「それは、すごいですね。勉強になります」と言わせたいのです。

相手から、尊敬の眼差しで見られたいのです。

しかし、「教えてあげます」とベラベラとしゃべればしゃべるほどボロが出てくる場合もあります。

実は、それほど経験はなく、知識も大したはことはないことが発覚してしまうのです。

そのために、結局は、恥をかきます。

尊敬されるどころか、相手から軽蔑される結果にもなります。

そうならば、よく知らないことは「知らない」と謙虚に認めるほうが賢明です。

知識のある人から「この件について、ご存じですか」と尋ねられて、「知らない」などと答えたら、相手から見下されてしまう、と心配する人もいるかもしれません。

しかし、むしろ逆で、「正直な人だ。謙虚な人だ」と、相手から信頼されることも多いのです。

ですから、知らないと答えて、相手からどう思われるか、ということについて、余計な心配をしなくても良いのです。

さらに言えば、「私は、その件について経験も知識もないので、この機会に教えてもらえませんか」と、相手に問い返すのがいいでしょう。

きっと相手は、知っている限りのことを教えてくれるでしょう。

相手から知らないことを教えてもらって、そのおかげで自分の知識が増えれば、それは自分にとって「得なこと」になります。

知ったかぶりで損をして、謙虚な態度で教えてもらって得をするのです。

報われる人の習慣

教わり上手な人になるほうが得になる

苦手を告白すると得意なことを任せられる

自分に謙虚で、また誠実な人は、自分が苦手にしている分野を正直に打ち明ける傾向があります。

「私は体力には自信がありますが、ユニークな発想をするのは苦手なんです」

「事務的な作業は早いんですが、交渉事は苦手です」

「私は、話すのがあまり得意ではないのです」

といったようにです。

誠実な人は、苦手にしている分野を、人に隠すようなまねはあまりしません。

しかし、一方で、「正直に『これが苦手です』と打ち明けたばっかりに、私は損をしている場合も多い」という思いにとらわれている人もいます。

というのも、苦手にしているものを告白したために、相手から見下されたり、低く評価されたり、あるいは重要な仕事を任せてもらえなくなる、というケースもあるからです。

そのために、後になってから、「私が苦手にしているものを正直に言わなければ良かった」と後悔してしまうのです。

しかし、自分が苦手にしているものを正直に告白することで「自分は損をしている」と考える必要はないと思います。

正直に告白したことを後悔しなくてもいいのです。

苦手なものを正直に告白する人は、周りの人から信用されます。

下手に隠し事するよりも、ずっと信頼されます。

苦手なものを正直に告白したためにある仕事を任せてもらえない場合もあるかもしれません。

しかし、下手に苦手な仕事を任されて失敗するよりも、自分の長所を生かせるような良い仕事をして成功するほうが、結果的には、自分にとって「得なこと」になるはずです。

報われる人の習慣

苦手なことは、正直に打ち明けてしまうほうがいい

謙虚に苦手なことを告白するほうが、高く評価される

ある会社の採用担当者が、次のような話をしていました。

採用の面接試験では、「あなたの長所は何ですか」と聞きます。

一方で、また、「あなたの短所は何ですか」とも尋ねます。

「長所は何ですか」という問いに対して、「ありません」と答える人はいません。

正直に「これが長所である」と自信を持っているものを訴えます。

しかし、「短所は何ですか」という問いに対する答え方は、人様々です。

正直に「私の短所は、これです」と告白する人がいます。

短所があっても、何かごまかすような言い方をする人もいます。

また、「私には短所はありません」と言いきってしまう人もいます。

そのような人は、きっと、「正直に短所を打ち明けてしまったら、採用試験で損をする」と考えてしまうのでしょう。

しかし、実際には、逆であるようです。

正直に短所を打ち明けてしまうほうが「得をする」ほうが多いのです。

その採用担当者が言うには、まず、「正直に短所を打ち明けてくれる人のほうが、人間的に信用できる」というのです。

また、「正直に短所を告白してくれれば、そのような職種に配属されないよう配慮できる。その人の長所に合わせて、得意な職種に配属できる。得意な職種に配属になれば、大いに張り切って働いてくれるだろう。そうなれば会社の業績も上がる」というのです。

正直に苦手なものを打ち明けてくれないと、もしその人を採用した場合、その人が苦手な職種を任せる結果になるかもしれません。

そうなれば、本人はやる気をなくすでしょうし、会社のためにもなりません。ですから、その採用担当者は、正直に短所を告白する人を優先して採用する、というのです。

報われる人の習慣

自分が苦手にするものを、下手に隠さない

苦手を告白すると好かれることもある

ある男性は、会社で営業の仕事を任されています。

そんな彼は、取引先の接待で、カラオケに行く機会もよくあると言います。

しかし、彼は、カラオケが苦手なのです。

できれば行きたくもないし、行ったとしても歌いたくありません。

人が歌うのを聴いているだけで十分なのです。

しかし、取引先の担当者から誘われれば断れません。

「あなたも一曲、歌ってください」と促されれば、「嫌です」とは答えられないのです。

そこで歌うはめになるのですが、うまく歌えません。

うまく歌おうとすればするほど、緊張してしまって、かえって歌えないのです。

そのために、恥ずかしい思いをすることもあります。

そして、彼は、「歌が下手なために、損をしている」という思いにとらわれています。

しかし、ある時、開きなおりました。

カラオケで歌い出す前に、「私は下手ですから、どうぞみなさん、私が歌い終わるまで耳をふさいでいてください」と言ったのです。

この言葉は、大ウケでした。

それ以来、彼は、歌う前には「私は下手です」と告白するようにし、その結果、取引先の担当者からも好感を持たれるようになったのです。

この話も、「苦手のものを隠そうとすればかえって損をし、さらけ出してこそ得をする」という法則の実証だと思います。

報われる人の習慣

「私は歌が下手です」と告白するほうが、得する場合もある

5章のポイント

◇ 自慢話をして得になることは一つもない

◇ 「自分を大きく見せようとする話し方」は一発で見抜かれる

◇ 「上から目線」な態度は、劣等感の表れ

◇ 自分の健康（体調、メンタルヘルス）に対しても
謙虚でいることが大事

◇ できないことはできないと認める

◇ 自分を高く売り込もうとするよりも、
身の丈を見せるほうが得をする

memo

6章

自分の非を認める
……しかしソンはしない

自分に非があれば、さっさと謝るほうがいい

自分に非があるとわかっていながら、「申し訳ありませんでした」と謝罪できない人がいます。

こういうタイプの人には、「下手に謝ったりしたら、自分は不利な立場に立たされる。自分が損をするだけだ」という意識が働いているようです。

ですから、仕事でも、友人関係でも、非は自分にあるとわかっていても、いさぎよく「ごめんなさい」と言えないのです。

では、「謝らないほうが得か」と言えば、決してそうではないのです。

実際には、素直に謝らないことで、相手からの信頼を失います。

人間性を疑われる結果にもなります。

嫌われて、人間関係もおかしくなっていきます。

ですから、実際には、「謝らないために、損をする」が正しいようです。

報われる人の習慣

「素直に謝ってしまうほうが得だ」と知っておく

「下手に謝ると、自分が損をする」というのは、勝手な思い込みにすぎないのです。

「自分に非がある時は、それを素直に認めて、まず謝罪する」という習慣を身につけていくことが、周りの人たちから信頼される人間になるための第一歩です。

そして、信頼される人間になれば、自分に「得になること」がたくさんもたらされるのです。

アメリカの思想家で、多くの成功哲学の著作を残したジョセフ・マーフィー（19～20世紀）は、「さっさと謝るのは、仕事の成功に不可欠な一つの立派な能力である」と述べました。

謝らなければならない時は、さっさと謝るのがいいのです。

そういう習慣を持てば、周りの人たちから信頼されるようになります。

それが「仕事の成功」にもつながっていくと、ジョセフ・マーフィーは強調しているのです。

ていねいに謝ると損するか、得するか

「自分に非がある場合、ていねいに謝ることをモットーにしている」という人がいます。

しかし、その本人が、「謝ることで、私は損をしている」と考えていることもあります。

実際に、その人は、素直に謝ったために責任を押しつけられたり不利な立場に立たされた、という経験があるからでしょう。

そのようなネガティブな経験がトラウマになって、「自分に非がある場合、ていねいに謝るようにしているけど、いつも損をしている」と言うのです。

しかし、実際には、「そんな私は、いつも」という事実はないのではないでしょうか。

たまたま、そういう経験があったのかもしれません。

しかし、それが辛い経験としていまだに心に残っているために、その人自身が「そんな私は、いつも」とすっかり思い込んでいる可能性もあるのではないかと思います。

実際には、ていねいに謝ることによって、相手から「人間的に信頼できる」「とても正

直な人だ」という印象を持たれていたケースも数多くあると思います。

そのような良い印象を得て、得をした経験もあるはずです。

それにもかかわらず、「素直に謝ったばっかりに、責任を押しつけられた」という経験があまりにもショッキングであったために、その記憶ばかりが心に残ってしまっているとも考えられるのです。

こういう場合には、自分がこれまで経験してきた事実を、自分の中でもう一度整理してみると良いと思います。

そうすれば、「ていねいに謝って得をした経験のほうがずっと多かった」という事実に自分自身で気づくと思います。

事実に気づけば、「ていねいに謝っていく」という自分の生き方を、もっとポジティブに考えられるようになるでしょう。

報われる人の習慣

「ていねいに謝って得した事実」を思い返してみる

口先だけの謝罪は逆効果

「謝っているのに、散々文句を言われた。結局、謝るなんて、損なことだと思った」と言う人がいます。

そのような人は、もしかしたら、心から謝っていなかったのかもしれません。

また、形ばかり謝っていたにすぎなかったのかもしれません。

「心から謝っていない」というのは、自然に相手に伝わっていくものなのです。

口では「すみません」と言ったとしても、「心から謝罪していない」と、相手にはわかってしまうものなのです。

そして、本心からの謝罪でないとわかれば、相手は一層腹立たしい思いにさせられるのです。

ある意味、「非があっても謝らない人」よりも、「内心とは裏腹に、口先だけで謝っている人」に対して、より強い怒りを感じるのです。

報われる人の習慣

謝るなら、心から、ていねいに謝る

そういう意味では、心からの謝罪でない場合、口先だけで「申し訳ない」と言うのは、かえって逆効果になりやすいのです。

従って、謝るのであれば、心から、ていねいに謝罪するのが大切です。

マンガ『スヌーピーとチャーリーブラウン』の作者であるチャールズ・M・シュルツ（20世紀）は、作品の中で、「真心から謝れば、奇跡が起こる」と述べました。この言葉にある「奇跡が起こる」とは、すなわち、

＊相手が許してくれる。
＊信頼を失うどころか、かえって信頼を得られる。
＊嫌われるどころか、好感を持たれる。
＊様々な得になることが起こる。

といった意味だと思います。

健全なプライドを持つ人は心から謝罪できる

プライドが高い人は、一般的に、「心から謝る」というのが苦手です。

プライドが高い人は、素直に頭を下げるのが苦手なのです。

頭では自分に非があるとわかっていても、プライドが心からの謝罪をジャマしてしまうのです。

しかし、それは「悪いプライド」でしかないのでしょう。

「本当は私が悪いんじゃない」「どうして私が謝らないといけないんだ」「謝らなければならないのは、むしろ、相手ではないか」といった悔しい思いが生じてきてしまうのです。

そのために、口先では「申し訳ありません」と言えたとしても、それは心からの謝罪にはなりません。

相手にも「この人は、心から謝っていないな」という事実を見抜かれてしまい、結局は、激しく怒られたり、さらに一層見下されるという結果になりやすいのです。

報われる人の習慣

損を招く悪いプライドは早く捨てる

つまり、こういうタイプの人は、本当の意味で実力がある人ではないのです。

真に、すばらしい人間性に恵まれた人ではありません。

こういうタイプの人は、単に自分にうぬぼれているにすぎないのでしょう。

本当の意味で実力があり、すばらしい人間性を持ち、そして健全なプライドを持つ人は、自分が非がある時には素直にそれを認め、心から謝れるのです。

その結果、健全なプライドを持つ人は、さらに一層人望を強めていきます。

「謝ることで、得をする」のです。

しかし、一方で、悪いプライドしか持たない人は、「謝ることで、損をする」のです。

人生に損を招いてしまうような悪いプライドは、捨て去ってしまうのが賢明だと思います。

謝れるリーダーは、メンバーをまとめられる

幕末の幕臣であり、明治政府でも要職を務めた人物に勝海舟（19～20世紀）がいます。

勝海舟には、次のような経験がありました。

海舟が幕府の長崎海軍伝習所にいた時の話です。

ある日、訓練の一つとして、数人でボートに乗り海へ出ることになりました。

海舟は、そのボートの船員のリーダー役を命じられました。

その際、海舟は、教官から「沖のほうへは出るな」と命じられていました。

岸辺に近いところは波が穏やかで安全だったのですが、その日は海が荒れていました。

ですから、あまり沖のほうに出ると危険だったのです。

それにもかかわらず、海舟は、教官の命令に逆らって、船員たちに「沖に出ろ」と命じました。

「このくらい、だいじょうぶだ」と甘く見ていたのです。

しかし、教官が言った通り、沖合の海は非常に波が荒れていて、船員たちは身の危険を感じるほどでした。

その時、海舟は、潔《いさぎよ》く自分の判断ミスを認めて、「私の愚かさのために、みんなを危険な目に合わせて申し訳ない」と謝りました。

そんな海舟の謙虚な態度を見て、船員たちは「この人はなんとすばらしい人なんだろう」と感動しました。

そして、「こんなすばらしい人のために、がんばろう」と、みんなで励まし合って、無事に港まで辿《たど》り着けた、というのです。

その経験から、海舟は、「リーダーは、自分に非があるとわかった時は、すぐに潔く謝罪することが重要だ」と悟ったと言います。

報われる人の習慣

「謝罪できるリーダー」にこそ、真のリーダーシップがある

「申し訳ありません」としっかり述べる

心からの、ていねいな謝り方をすれば「損をすること」はありません。

もし謝って、一層激しく叱られたり、責任を押しつけられるといった事態になったとすれば、それは「心からの謝罪」ではなかった証です。

では、どのようにすれば「心からの謝罪」が相手に伝わるのかと言えば、それにはちょっとしたコツが必要になってきます。

そのコツをいくつかまとめておきます。

＊謝罪の言葉をちゃんと述べる。
＊自分に非があることを認める。
＊対応策についても説明する。
＊相手の感情を思いやる言葉を述べる。

報われる人の習慣

言い訳に終始しないように注意する

謝罪しなければならない状況であるにもかかわらず、「申し訳ありません」「すみませんでした」といった謝罪の言葉を述べない人がいます。

その代わりに、言い訳ばかりします。

「こういう状況では仕方なかった」「こんな結果にはなるとは、まったく予想していなかった」「最初から、これには無理があった」といった言い訳ばかりするのです。

本人とすれば、たくさん言い訳をすることで、心から、ていねいに謝っているつもりなのかもしれません。

しかし、それは相手からは「心からの、ていねいな謝罪」とは受け止められないのです。

やはり、しっかりと「申し訳ありません」「すみませんでした」という謝罪の言葉を相手に伝えることが必要です。

もちろん言い訳をしなければならない場合もあると思いますが、その場合もまずは「申し訳ありません」と言うのが先です。

まずは「自分の非を認める」という話し方をする

「申し訳ありません」という謝罪の言葉を述べたとしても、その責任を他に押しつけるような話し方をしてしまったら、それは「心のこもった、ていねいな謝罪」にはなりません。

「責任を他に押しつける」とは、たとえば、「Aさんの不注意で、こんな事態になってしまいました。私からもよく注意しておきます」といった言葉をつけ加えることです。

また、「すみませんでした」と言いながら、「こういう状況では、しょうがありませんね」と、「状況のせい」にする人もいます。

このように責任を他に押しつけるような話し方をすると、相手は「心から謝っていない」と感じ取ってしまうのです。

そのために、相手は、謝罪の言葉を述べられたとしても、納得できません。

一層激しい言葉で、責めてくるかもしれないのです。

従って、「心のこもった、ていねいな謝罪」をするためには、「自分の非を認める」ことが必要です。

「私の不注意でした、申し訳ありません」

「私の努力不足でした。すみません」

という話し方をする必要があります。

このような自分に非がある話し方をしてこそ、相手は納得します。

ただし、本当に、自分には非はない、という場合もあると思います。

そういう場合にも、いったん自分の非を認めてから、その説明をするのがいいでしょう。

「私の不注意でした、申し訳ありません。Aさんにも、私から注意しておきます」

「私の努力不足でした。すみません。状況も、このような状況だったもので」

という話し方です。

このような話し方をすれば、相手は「この人は、責任逃れをしている。心から謝ってはいない」とは感じないはずです。

報われる人の習慣
自分の非を認めなければ、謝罪の気持ちは相手に伝わらない

相手に落ち度があるときの話し方

百貨店などで良い接客をするために、店員を指導教育しているアドバイザーがいます。

そのアドバイザーが、次のような話をしていました。

「接客のコツの一つは、『お店の中で起こったトラブルは、どんなことであっても、非は自分たちにある』という態度でお客さんに接する」と言うのです。

たとえば、お客さんが、ある商品を床に落としてしまったとします。

それは明らかにお客さんの不注意だったわけですが、そういう場合でも、

「申し訳ありませんでした。私どもの商品の展示の仕方に問題があったと存じます。お怪我はありませんでしたか」と言うのです。

そこでもし、その客さんに向かって、「商品を落とされたら困ります」といった言い方をしてしまったら、どうなるでしょうか?

きっと、そのお客さんは、自分の落ち度を責められて恥ずかしい思いをする結果になり

ます。

人によっては、「恥ずかしい思いをさせられた」と感じる場合もあるかもしれません。

いずれにしても、そのお客さんは、「もう、この店で買い物はしたくない。こんな店には来たくない」と思ってしまうに違いないのです。

お客さんとすれば、たとえ本当は自分に落ち度があるとわかっていても、恥ずかしい思いをさせられた店へは「もう行きたくない」という思いになってしまうものなのです。

ですから、「困ります」といった言い方は禁物なのです。

たとえお客さんに落ち度があったとしても、非は自分たちにあるという言い方でお客さんに謝るのが接客コツだ、と言うのです。

そういう、ていねいな謝り方をする店員がいる店へは、お客さんは、「また行きたい。また、あそこで買い物をしたい」という気持ちにさせられます。

非は自分にあるという言い方で、結果的には、自分のほうが得するのです。

相手の落ち度を責めなければ結局自分が得をする

具体的な対応策を説明して謝る

大失敗をして、自分としてはていねいに謝っているつもりであっても、相手にはその「ていねいさ」が伝わらない場合があります。

そのために、本人とすれば、「ていねいに謝っているのに、損をした」といった思いにとらわれてしまうのです。

たとえば、「申し訳ありませんでした」という謝罪の言葉もちゃんと述べたとします。「私の努力不足でした」と、自分の非も認めました。

これだけていねいに謝っているのですが、相手は不満顔なのです。

あげくには、「あなたとは、もうおつき合いしたくありません」とまで言われてしまいます。

こういう場合、本人とすれば、「こんなにていねいに謝っているのに、なぜそんな言われ方をしなければならないのか」と疑問を感じてしまうのです。

しかし、この場合、まだ「ていねいさ」が足りないように思います。

そのために、相手は納得できなかったのです。

謝罪の言葉を述べ、自分の非を認めて、さらに必要なのは、「対応策の説明」です。

「こういう対応策を講じて、問題を解決します」

「今後、こういう点を改善して、同じ問題が起こらないようにします」

こういった具体的な対応策を相手に説明してこそ、「心のこもった、ていねいな謝罪」になると思います。

そうすれば、相手は納得してくれ、「あなたは信頼できる人だ。今後とも、おつき合いをお願いしたい」と言ってくれると思います。

具体的な対応策を説明すれば、相手は、「この人は、今回起こった問題について真剣に考えてくれている」とわかります。

その結果、相手は、「許してあげよう」という気持ちにもなるのです。

報われる人の習慣

問題を解決するための具体的な対応策も伝える

上手に謝ってこそ絆が強まる

さらに「心のこもった、ていねいな謝罪をしている」という点を相手に印象づけるための方法があります。

それは、「相手の気持ちを思いやる言葉をつけ加える」という方法です。

「さぞご迷惑をおかけしたと思います。申し訳ありませんでした」

「ご心配されたと思います。すみませんでした」

「私のために、余計なご苦労をおかけしてしまいました。謝ります」

このように相手の気持ちを気遣うような言葉を加えて謝れば、相手はうれしく感じます。

「この人は、心温かい、誠実な人だ」という良い印象を持ってくれます。

「雨降って、地固《じかた》まる」ということわざがあります。

「何かトラブルが生じることで、かえって良い結果が得られる。安定した状態を保っていける」という意味です。

人間関係においても、様々なトラブルが生じます。

しかし、そのトラブルを通して、お互いの関係をさらに深めていくことも可能です。

トラブルを通して、お互いの絆《きずな》を深めることも可能です。

ただし、それには条件があります。

トラブルが起こった時には、自分のほうから「心のこもった、ていねいな謝罪をする」ということです。

その時に、謝罪の言葉を述べなかったり、責任を誰かに押しつけるようなことをすれば、そのトラブルのために「地固まる」どころか、かえって人間関係が壊れてしまいかねないのです。その結果、お互いの関係は深まらず、絆も強まりはせず、別れ別れになってしまう場合もあるのです。

円満な人間関係を築いていくためには、「上手な謝り方」の方法を知っておくことがとても大切です。

報われる人の習慣

上手に謝るコツを、しっかり身につけておく

クレームには感謝を伝える

お客さんや取引先から、クレームを言われる時があります。

その際には、もちろん「心からの、ていねいな謝罪」を相手に伝えなければならないと思います。

そうしなければ、せっかくのお客さんや取引先を失ってしまう事態にもなりかねません。

ただし、こういうケースでは「心からの、ていねいな謝罪」に加えてもう一つ、相手に述べておきたい言葉があります。

それは、そのクレームに対して「感謝する言葉」なのです。

「貴重なご意見をいただきました。ありがとうございました」

「私どもが気づかなかった点に、気づかせてもらいました。ありがとうございます」

「さらに良いサービスを心がけ、よい商品を開発していく上で、大変参考になるご指摘です。感謝致します」

このように、クレームに対して「ありがとうございました」という感謝の言葉を伝えることで、お客さんや取引先は、「なかなか誠意のある態度だ」と感心してくれます。

また、さらに良い印象を持ってくれます。

結果的に、自分たちにとって、その相手は、さらに良いお客さん、一層良い取引先になってくれるのです。

つまり、クレームに対しても感謝の言葉を述べるのは、自分たちにとって「得になる」のです。

もちろん、クレームを言われるのは、気持ちのいい経験ではありません。

辛いことであると思います。

しかし、クレームを言われるのは、決して「損なこと」ではないのです。

クレームに対して、ていねいにおわびと感謝の念を伝えていけば、それは自分たちのさらなる発展のために「得になる」のです。

報われる人の習慣

クレームを言われるのは「得なこと」と考える

6章のポイント

◇ 自分に非があると分かったら、さっさと謝るのが結局は得につながる
◇ 口先だけの謝罪は、かえって相手を怒らせる
◇ 「謝れない人」は「プライドが実力以上に高い」と見抜かれる
◇ 謝るときは、言葉を濁さず、しっかり述べる
◇ 「どういう対策をとるか」をセットで伝える

memo

7章

約束を守る
……しかしソンはしない

守らない人がいても、自分はしっかり守る

「約束を守る」というのは、良い人間関係を保っていくための基本中の基本です。

人との約束はちゃんと守っていってこそ、お互いの信頼関係が深まっていきます。

しかし、時に、「私は誠実に人との約束を守ってきたが、損をしているように思えてしまう時もある」と話す人もいます。

ある男性の事例があります。

彼は誠実な人柄で、人とした約束はちゃんと守るように心がけています。

しかしながら、彼の周りの人たちには、ちゃんと守らない人も多いと言います。

そのために、「私はちゃんと守っているのに、相手は守ってくれない。そんな経験をすると、自分だけが損をしているような気がしてくる」という思いにかられてしまうと言うのです。

この彼に限らず、「周りに、ちゃんと約束を守ってくれない人がいる」と感じている人

は他にもいるように思います。

そして、そんな人が身近にいれば、「ちゃんと守っている自分だけが損をしている」と感じても、ある意味、仕方ない一面もあるのかもしれません。

しかし、それでも「人との約束は守っていく」と心がけていくほうが賢明だと思います。

身近に守らない人がいるからといって、自分までそんな「ダメな人」の仲間入りをしてしまう必要はないのです。

自分まで約束を守らないダメな人の仲間入りをしてしまったら、それこそ自分の人生にとって「損なこと」になるからです。

周りの人がどうであるかにかかわらず、自分はしっかり「約束を守る人」になっていくほうが得なのです。

そうすれば、すぐれた人間性を持った人が、自然に自分の周りに集まってきてくれます。

それが自分の人生にとって大きな「得なこと」になっていくのです。

報われる人の習慣

「約束を守るのは、損なことではない」と心得ておく

裏切られてもブレない

ある男性（Bさん）が、次のような話をしていました。

彼は、同じ職場に、仕事のライバル（Cさん）がいます。

Cさんと、業績のトップの座をいつも争い合っています。

とはいえ、同じ職場で働く同僚でもあるのです。

従って、Bさんは、「ライバルとはいっても同僚なのだから、やはり良い関係を保って、協力して仕事をしていく必要がある」と考えているのです。ですから、

「この仕事についての情報は、期日までに私がまとめておきます」

「あの取引先への連絡は、私がやっておきます」

といった約束は、きっちりと、ていねいに果たしているのです。

しかし、Cさんは違いました。

約束を果たさない時がよくあるのです。

そして、裏では、Bさんの悪口を言っているのです。

Cさんが約束を果たさなかったために仕事が遅れたり、トラブルになったりするのですが、その原因をBさんに押しつけて、「あの人はダメだから、こんな事態になった」と悪口を言っている、というのです。

そのために、Bさんとすれば、「私だけが誠実に約束を守って、Cさんからは裏切られてしまうのだから、損をしているとしか思えない」と言うのです。

しかし、相手からどんな仕打ちを受けようと、いったんした約束は誠実に守っていくほうが賢明です。

というのも、そんなズルいことをするような人は、やがて職場での信用を失っていくからです。一方で、ライバルを相手にした約束であっても誠実に守っていく人は、必ず職場での評判が上がっていきます。

最後に得をするのは「誠実に約束を守る人」なのです。

裏切られることを気にしない

感謝されなくてもふてくされない

苦労してちゃんと約束を果たしても、相手からあまり感謝されない時があります。

たとえば、会社で、上司から無理難題を押しつけられたとします。

しかし、上司の命令であれば逆らえません。

「ちゃんとやります」と約束しました。

案の定、散々苦労する事態になったのですが、どうにかこうにか約束通り仕事を仕上げました。

しかし、その上司は、「ありがとう」とは言ってくれません。

「ご苦労様」の一言もありません。

「ちゃんと約束通りにやりました」というこちらの報告を、「あ、そう」の一言で済ませてしまったのです。

こういう状況では、腹も立つと思いますし、「苦労して約束を守ったのに、何だか損をしたような気分だ」という気持ちにかられてもしょうがありません。

しかし、どのような会社であるにせよ、上司と部下との関係では、このようなケースは日常茶飯事《さはんじ》ではないでしょうか。

そうならば、あまり気にしないのが賢明です。

上司が感謝してくれない事態に、いちいちふてくされてやる気を失っていたら、それこそ自分にとって「損なこと」になってしまうと思います。

上司から「あの社員には意欲がない」と見なされて、怒られたり、職場で不利な立場に立たされる状況になるかもしれないのです。

従って、上司が感謝の言葉を言ってくれるか、言ってくれないかにかかわらず、「仕事の上での約束」はたんたんと果たしていくのがいいでしょう。

そのような心がけで、コツコツ努力していくことで、社内での信用が高まっていきます。

それが自分にとって、やがて「得になること」になっていきます。

報われる人の習慣

感謝されなくても、仕事の約束はちゃんと果たす

「大切な」と「どうでもいい」で区別しない

「約束を守るのが面倒だ」と思う時があるかもしれません。

時には、「約束を守るのが辛い」と感じる場合もあると思います。

特に、他にやるべきことがたくさんあって、忙しい思いをしている時には、そんな思いがしてくるものです。

それが「大切な約束」であれば、「何が何でも果たさなければならない」と思うでしょう。

その大切な約束を果たさなければ、自分の人生に大きな損失を招いてしまう事態になりかねないからです。

その一方で、「どうでもいいような約束」もあります。

たとえば、仕事の上司とした約束は「大切な約束」ですが、部下とした約束は「どうでもいいような約束」と考えてしまう人もいるかもしれません。

恋人と交わした約束は「大切な約束」ですが、同僚との私的な約束は「どうでもいいような約束」と思ってしまう人もいるでしょう。

そして、そんな「どうでもいいような約束」は、「守らなくても、大きな損失にはならないだろう。守ろうとがんばらなくてもいい」と軽く考えてしまう人もいるかもしれません。

しかしながら、「約束」を、そのように区別して考えないほうが賢明です。

「約束」に、「大切な」も「どうでもいい」もないのです。

どのような約束であれ、どんな相手とした約束であれ、いったん人と交わした約束は誠実に、ていねいに果たしていくことが大切です。

約束を「大切な約束」と「どうでもいい約束」とで区別して、「どうでもいい約束」については守らないという習慣を身に着けてしまった人は、周りの人たちの信用を失っていきます。

従って、そういう態度は結局、自分にとって「大きな損失」になりかねません。

どんな約束も誠実に守っていく

報われる人の習慣

「時間を守らない人」に影響されない

待ち合わせの時間を、きっちり守る人がいます。

約束の時間に遅れるようなまねはしません。

一方で、待ち合わせの時間には必ず遅れてくる、といったような人もいます。

待ち合わせの時間をきっちり守る人から見れば、約束の時間に遅れないように努力してやって来たというのに、相手は平気でいつも時間に遅れてくるのですから、「何か私は損をしているみたいだ」という気持ちにもさせられるでしょう。

とはいえ、「だから私も、これからは待ち合わせの時間なんて守らなくていい」と考えないようにするほうがいいと思います。

待ち合わせに時間に遅れてくる人というのは、何事に関しても時間的にルーズな人が多いようです。

仕事の締め切りも守りません。

借りたお金も、返済期日までには返しません。

万事、そんな調子の人が多いようなのです。

ですから、このようなタイプの人は、世間的な信用がありません。

重要な仕事は任せてもらえず、成功からはほど遠い人生を歩まざるを得ないのです。

そんな人のまねをして、自分まで「時間にルーズな人」になる必要はないのです。

従って、「損をしている」などと余計な考えにはとらわれずに、自分はこれまで通り「時間をきっちり守る人」でありつづけることが大切です。

待ち合わせの時間をきっちり守る人は、仕事の締め切りについてもきっちり守っていける人だと思います。

そのような人は、周りの人たちから信頼されます。

たくさんの人たちから信頼を集め、それに伴って「得になること」も数多くもたらされるようになるのです。

報われる人の習慣

自分はブレずに「きっちり時間を守る人」でありつづける

待ち合わせに遅れてくる人の心理を知っておく

「待ち合わせの時間に、いつも遅れてくる人」の中には、単にルーズな人もいますが、他に、ある心理的な傾向があると言われています。

それは、「実力はないが、『自分が優位に立ちたい』という心理」です。

自分が時間に遅れて、「相手を待たせる」ということで、自分自身がある種の優越感に浸れるのです。

自分自身の都合で、相手を振り回すことによって、「私のほうが立場が上なんだ。私のほうが偉いんだ」という優越感を覚えられるのです。

そんな優越感を得たいがために、わざと待ち合わせの時間に遅れる人もいます。

待ち合わせの時間に遅れてきても、さほど反省もせず、謝りもせず、平然としている人には、そんな心理傾向も強いのかもしれません。

しかし、それは、良い意味での優越感ではありません。

本当は、自分には人の上に立つ実力などないという「ひがみ」の気持ちが心にあるにすぎないと思います。

従って、そういう意味でも、「時間にルーズな人」をまねする必要はありません。

「自分は時間をちゃんと守っているのに、相手は遅れる」という状況に「損をしている」と感じる必要もないのです。

自分は自分で、今まで通りに、時間というものに対してきっちり約束を守っていく習慣を持ちつづければいいのです。

「時間を守る」というのは、「人との関係を大切にしていきたい」という意識の表れだとも言えます。

「人を大切にしていく生き方」をしていけば、たくさんの幸運に恵まれるようになります。

従って「約束を守ると損になる」などと考えなくていいのです。

報われる人の習慣

時間を守るのは、人を大切にすることである

自分の損得より人からの「信用」を第一に考える

江戸時代に、次のような昔話があります。

ある商人が丁稚《でっち》（雑用係の少年の意味）を連れて、荷車《にぐるま》を引いていました。

その荷車には、お客さんに納品するための反物《たんもの》と、商売の売り上げである千両箱が載っていました。

その荷車を引いて、山中に差しかかった時です。

山賊が現れたのです。

「山賊に襲われて、このままでは荷車に載せた荷物を奪われてしまう」と考えたその商人は、反物だけを抱えて逃げ出しました。

幸いに、逃げきることができました。

しかし、千両箱は山賊に奪われてしまいました。

不思議に思った丁稚は、その商人に尋ねました。

「なぜ千両箱を持って逃げなかったのですか。この反物を盗賊に奪われたとしても、大きな損失にはなりません。しかし、千両箱を奪われてしまうのは、大きな損失です。損得を考えれば、千両箱を持って逃げるほうが、ずっと得だったはずです」と。

それに答えて、その商人は、

「商人は、目先の損得よりも、お客さんの信用を大事にしなければならない。もし反物を盗賊に奪われてしまったら、約束の期日までにお客さんへ反物を納品できなくなる。お客さんとの約束を破ったら、信用がなくなる」と言いました。

お客さんの信用を第一に考えたこの商人は、その後も繁盛したと言います。

人との約束を守ったために、時に、「損なこと」をしなければならない場合もあります。

しかし、そのことで信用を失わずに済むのであれば、それは長い目で見れば「得なこと」につながっていくのです。

報われる人の習慣

信用を失うのが、長い目で見れば「損なこと」になる

「損したくない」という気持ちに惑わされない

人との約束を守るために、時に「損なこと」をしなければならなくなることもあります。

しかし、人には誰でも、「正直な本音《ほんね》を言えば、損はしたくない」という気持ちがあると思います。

しかし、そこで「損したくない」という気持ちに負けて、約束を破ってしまったら、その人は世間的な信用を失う結果になります。

そして、「信用を失う」ことは、その人に大きな「損なこと」を招く結果になります。

以前、食品偽装がよく問題になりました。

賞味期限が切れた食品を、ラベルをすり替えてお客さんに販売します。

産地を偽った表示をして、商品の値段を釣り上げてお客さんに売ります。

「賞味期限が切れた商品は販売しない」

「表示で産地を偽ることなどしない」

というのは、いわば「お客さんとの約束」です。

しかし、その約束を守っていると、「自分が損失をこうむる」という場合があります。

そんな時に、「損をしたくない」という気持ちから、賞味期限や産地を偽装してしまう人が現れるのです。

そうすれば、その場では、損をしなくてすむかもしれません。

それどころか、得になるかもしれません。

しかし、いずれ、そのような「偽装」は発覚します。

そして、そのような偽装が発覚すれば、その会社や店は世間的な信用を失って、もう商売などできなくなってしまうでしょう。もちろん社会的な責任も追及されます。

つまり、結果的には、「大きな損」になるのです。

言い換えれば、まじめに約束を果たしていくのは、決して「損なこと」にはならないと言えます。


目先の利益より、長い目で見た「信用」を優先する

報われる人の習慣

損をしても、約束を大切にする人でいる

「損して得を取れ」ということわざがあります。

「目先だけの得を考えていると、かえって大きな損をすることがある。逆に、たとえ損をする事態になるとしても、信用や誠実さを大切にしていけば、最終的に大きな得を得られる」という意味を表します。

言い換えれば、信用や誠実さを大切にするための「目先の得」を失う時があっても、最終的には、それが「得になる」という場合もあるのです。

次のような話があります。

イラストレーターをしている女性がいました。

ある会社から、彼女のもとに、イラストを描く仕事の依頼がありました。彼女は、「いついつまでに、きっちり仕事を仕上げます」と約束しました。

その翌日です。また違う会社から、イラストの仕事が舞い込みました。

しかも、その会社が提示した報酬は、先の会社からの報酬よりもずっと高額なものでした。

こういうケースで「目先の得」だけを考えれば、先の会社から受けた仕事をキャンセルして、高額の報酬を提示してきた会社の仕事に切り替える、という方法もあるかもしれません。しかし、彼女は、そんな「目先の得」を優先するよりも、人との約束、人との信頼関係を大切にする人柄でした。

ですから、後の会社からの仕事の依頼は断って、先の会社の仕事を優先しました。

もちろん、ていねいに、きっちりと仕事を仕上げました。

「安い報酬であっても、先の約束を優先し、しかもていねいに仕事をする」という生き方は、ある意味、「損なこと」かもしれません。

しかし、彼女の仕事を高く評価したその会社は、彼女の良い評判を広めてくれました。

そのおかげで彼女は今、イラストの仕事で忙しい生活を送っています。

報われる人の習慣

「損して得取る」と考える人が幸せになれる

信義を大切にする人が、人から支えられる

あるコメディアンが、次のような話をしていました。

彼が、まだ下積みだった頃の話です。

コメディアンとして舞台に立つ仕事だけでは、とても生活できる状態ではありませんでした。

まだ小遣い程度のギャラしかもらえなかったからです。

従って、生活のために、アルバイトをせざるを得ませんでした。

その時、彼は、ある洋食店で皿洗いのアルバイトを募集しているのを見つけました。

彼は、皿洗いとして雇《やと》ってくれるように頼みました。

主人は、「一年間、皿洗いの仕事を続けるなら、雇ってあげる」という条件を出してきました。

彼は「一年間は続ける」と約束して、雇ってもらいました。

その後、彼のもとには、もっと条件が良く、また、もっと楽なアルバイトの話が、いくつか舞い込んできました。

しかし、「いったんした約束は破れない」と考え、主人との信義を大切にして、他のアルバイトの話を断りつづけました。

そして、一年がすぎた時、主人は、「まじめに働いてくれて、ありがとう」と、多額のボーナスをくれたと言います。

また、彼がコメディアンとして一人前になるために、主人はその後色々と面倒を見てくれて、力も貸してくれた、と言うのです。

このコメディアンの話も、「損して得を取れ」の一つの事例だと思います。

「目先の得」よりも、人との約束、人との信義を大切にしていく人は、その相手からの大きな援助を与えてもらえます。

そして、その援助のおかげで成功へ導いてもらえる、というケースもあるのです。

報われる人の習慣
「目先の得」よりも「人との信義」を大切にしていく

7章のポイント

◇　約束を守らない人に影響されて、
　　自分までいい加減な人にならない

◇　約束の重要度で対応を変えない。
　　小さな約束もしっかり守るようにする

◇　待ち合わせに遅れる人の「優位に立ちたい」「注目を集めたい」
　　心理を知っておく

◇　「損して得を取れ」の正しい解釈をわきまえておく

memo

8章

人にやさしくする
……しかしソンはしない

心に余裕がなくなると人にやさしくできなくなる

「人にやさしい気持ちになれない。人にやさしくするなんて、何だか自分が損をしているようだ」と言う人がいます。

そう思えてくる原因の一つに、「心の余裕がなくなっている」というものが挙げられます。人間関係で悩んだり、仕事のストレスが溜まっているために、心の余裕がなくなってしまっているのです。

そういう状態になると、素直に「人にやさしくしたい」という気持ちが起こらなくなってしまうのです。

それどころか、ムシャクシャした気持ちから、身近な人に当たったり、乱暴な言葉をかけたり、場合によっては意地悪なことをしてしまう時もあります。

実は、このように悩み事やストレスに弱く、ネガティブな感情に振り回されて自制心を失ってしまうというのも、精神的に未熟である証の一つなのです。

精神的に自立している人というのは、言い換えれば、「自己管理がしっかりできている」のです。

たとえ人間関係で悩んだり、仕事のストレスが溜まる時があっても、それで心の余裕を失ってしまわないように、自分なりの方法で上手に気分転換をします。

自分で自分にプレッシャーをかけないように注意します。

また、できるだけ楽天的に物事を考えるように心がけます。

従って、人間関係で悩んだり、仕事のストレスが溜まっても、「心の余裕」を失わずにすみます。

その結果、ネガティブな状態であっても、人にやさしい気持ちを失わずにすむのです。

ムシャクシャする時があっても、上手に気持ちを切り替えて、人にやさしい振る舞いができるのです。

決して「人にやさしくするのは、損だ」という考えにはとらわれません。

報われる人の習慣

心の余裕を失わないように自己管理していく

自分にやさしくできない人は、人にもやさしくできない

自分にやさしくできない人は、人にもやさしくできません。

「自分にやさしくする」とは、言い換えれば、心の余裕を失わないように心がけていく、ということです。

また、いつも明るい気持ちでいられるように心がけるのも、「自分にやさしくする」ということの一つです。

「いつも楽しい気持ちでいる」

「いつもフレッシュな気持ちでいる」

「心を、いつもプラスの状態にしておく」

このような心がけも、「自分にやさしくする」ということにつながっていきます。

そして、このような心がけの結果、心の余裕を失わずにすみ、人にやさしくする気持ちもなくさないですむのです。

そういう意味で、「人にやさしい気持ちを持つ」ためには、「自分にやさしくする」ということも非常に大切なポイントになってきます。
もう少し具体的に「自分にやさしくする」ための方法を説明するとすれば、次のような方法が挙げられます。

＊疲れたら、適度に休む。休養も大切にする。
＊気分が滅入った時の、気分転換の方法を持つ。
＊自分で自分を追い詰めるようなことはしない。
＊楽しく語らえる、良き友人を持つ。
＊熱中できる趣味を持つ。趣味の仲間を持つ。
＊夢や希望を持つ。

このような方法を実践していけば、心に余裕が生まれ、「人にやさしくする気持ち」も失わずにすむのです。

報われる人の習慣

いつも明るい気持ちでいられる方法を持っておき、実践する

人にやさしくすれば、みんなからやさしくされる

精神的に自立している人は、「人にやさしくすれば、その人も自分にやさしくしてくれる」という人生法則をよく知っています。

一方で、精神的に未熟な人は、「相手が自分にやさしくしてくれないのに、どうして私がやさしくしなければならないのか」と疑問を持ちます。

「自分だけが相手にやさしくするなんて、損でしかない」と考えます。

英語のことわざに、「親切は無駄にはならない」というものがあります。「無駄にはならない」というのは、「必ず、見返りがある」という意味です。

たとえば、人に親切にします。

すると、「その相手から親切にしてもらえる」という温かい見返りを得られるのです。

日本のことわざには、「情けは人のためならず。巡り巡って己《おのれ》のもとへ」というものがあります。

報われる人の習慣

試しに一度、身近な人にやさしく接してみる

「情け」とは、つまり、「親切」です。

「人にやさしい振る舞いをしてあげる」という意味です。

そうすると、その「やさしい振る舞い」は、「巡りめぐって、自分のもとへ返ってくる」と指摘しているのです。

すなわち、「人にやさしくすれば、やがていろいろな人から自分もやさしくしてもらえる」という意味なのです。

「人にやさしくすれば、その人もみんなからやさしくされる」というのは、古今東西にわたってよく知られている人生法則なのです。

ですから、一度試しに、身近な人にやさしくしてあげればいいのです。

親切な行為をしてみるのです。

そうすれば、自分自身が必ず、あらゆる所からやさしく親切にしてもらえるでしょう。

それがわかれば、もう、「人にやさしくするなんて、損だ」という気持ちも消え去ります。

自分の都合を押しつけてくる人の頼み事には応じない

人にやさしい性格を持つ人は、時に、「強引な性格の人」から、無理なことをごり押しされる場合があります。

「人にやさしい人」は、基本的に、頼まれ事を断りません。

困っている人を助けてあげたい、という気持ちが強くあるからです。

そのために、困り事を抱えている人から何か頼まれると、断れないのです。

「強引な性格の人」は、時として、そんな人のやさしい性格につけ込んで、都合のいいことをごり押ししてくるのです。

そのようなケースでは、いくら「人にやさしい」とはいっても、「私は、人にやさしいばっかりに、損をしている」という気持ちにもさせられます。

「損をしている」という気持ちに悩まされないためには、その相手が本当に何かに困って頼み事をしているのか、それとも単に自分に都合のいいごり押しをしてきているのか見抜くよう心がけることも大切になってきます。

そして、どんな相手の頼み事もすべて受け入れてしまうのではなく、本当に困っている人の頼み事だけを受け入れるようにするのです。

一方で、自分の都合をごり押ししてくるだけの人の頼み事は、きっぱりと断るように心がけます。

その見分け方としては、相手の話をよく聞くことです。

相手の話をよく聞けば、自然に、本当に困って頼んできているのか、自分の都合だけを押しつけてきているのかがわかります。

言い換えれば、その見分けがつくまでは、安易に「わかりました」「それは応じかねます」という返事をしないほうが賢明でしょう。

相手を話をよく聞いた上で、相手の頼みごとに応じるかどうかを決めればいいのです。

そうすれば、「私は損をしている」という意識もなくなります。

報われる人の習慣

相手が「本当に困っているのか」をよく見極める

言いがかりを、おだやかにかわす心得

人にやさしい人は、どちらかというと、大人しいタイプの人が多いようです。

性格的に穏やかで、感情的にならず、激しく自己主張もしません。

そのような大人しい性格のために、時に、誰かから「あなたのせいで、こんなことになった」と言いがかりをつけられる場合があります。

たとえば、身近で何かトラブルが起こった場合です。

トラブルの原因は、もちろん本人にはありません。

むしろ、相手のほうにあるのです。

それにもかかわらず、その相手から、「あなたのせいで、こんなに悪い事態になってしまった。どうしてくれるんですか」と言いがかりをつけられるのです。

相手とすれば、「この人は大人しいから、責任を押しつけても、強く言い返してこないだろう」という読みがあるのです。

しかし、やさしい性格の人とすれば、「なんの責任もないのに、どうして私が悪者にならなければならないのか。私は損をしている」という気持ちになるのです。

もちろん、そんな「言いがかり」まで、そのまま受け入れなくてもいいと思います。

相手の言いがかりに反論しなければならない時には、きっちりと反論してもいいのです。

その際、なにもケンカ腰で言い返す必要はありません。

いつものように穏やかに、「それは違います。私に責任はありません」と言えばいいのです。

それでも相手は、激しい口調で、やさしい性格の人を攻め立ててくるかもしれません。

しかし、その相手の調子に乗せられて、自分まで感情的にならないように注意するほうがいいでしょう。

穏やかに「それは違います」と言いつづければ、やがて相手もあきらめると思います。

報われる人の習慣

穏やかな口調で、相手の言いがかりに反論する

困った人とは少し距離を置いてつき合う

性格的に強引な人から無理強いをされたり、あるいは、何の悪いこともしていないのに、誰かに「あなたのためにー」と責任を押しつけられるといった経験を何度もしているうちに、「この世の中は、意地悪く生きていくほうが得だ。人にやさしい気持ちで生きていくなんて損だ」という考えに傾いていってしまう人もいるかもしれません。

しかし、そんな「強引な人」「人のせいにする人」に振り回されて、せっかくの「人にやさしい性格」を失ってしまうのは非常に残念だと思います。

なぜなら、人にやさしい性格のままいれば、今後、良いことがたくさんあるからです。

しかし、自分自身まで「強引な人」「人のせいにする人」になってしまったら、そのために人生が悪い方向へ導かれていく危険もあるからです。

そういう意味では、日常生活の中で、「強引な人」「人のせいにする人」に振り回されないように注意していく必要があります。

そのような困った人に振り回されないコツの一つは、「少し距離を置いてつき合っていく」という点にあります。

職場などでは、必要なコミュニケーションは取っていく必要がありますが、あまり必要のない話はしないように心がけておくほうが賢明かもしれません。

また、コミュニケーションを取るにしても、直接面と向かって話すのではなく、メールや文書で意思疎通していくという方法もあります。

普段から、そのように距離のあるつき合い方をしておけば、無理強いをされたり、言いがかりをつけられる事態を避けられるようになるでしょう。

そうすれば、自分自身は、心やさしい人のまま穏やかに生きていけます。

基本的には、「すべての人にやさしい気持ちで接していく」ということが大切なのですが、例外的に「強引な人」「人のせいにする人」に対しては、そのように距離を置いた関係を保っていくのも、生きていくための知恵の一つになると思います。

報われる人の習慣

困った人を相手に、必要のない話はしないようにする

「やさしい人」と「卑下する人」は、ここが違う

人にやさしい人は、時に、他人から都合よく利用されてしまう場合があります。

たとえば、職場の同僚から、「あなたはこの仕事が得意だから、この仕事はあなたがやってもらえませんか」と頼まれます。

ただし、「あなたはこの仕事が得意だから～」とは言いながら、実は、その同僚が単に「こんな面倒な仕事は、私はやりたくない」と思っているだけなのです。

そんな自分勝手な理由から、「人にやさしい人」に、面倒な仕事を押しつけているにすぎないのです。

そんな面倒な仕事まで引き受けてしまって、「人が良い私は、いつも損ばかりしている」と嘆《なげ》いている人もいるかもしれません。

しかし、それは本当の意味での「人へのやさしさ」ではないと思います。

本当の意味で「人にやさしい人」は、そのような自分勝手な頼み事まで引き受けるよう

なことはしません。

「人にやさしい人」が援助の手を差し伸べるのは、真に困っている人だけです。

単なる自分勝手な頼み事は、きっぱりと断れるのが、本当の意味で「人にやさしい人」なのです。

相手の自分勝手な頼み事まで引き受けてしまうのは、単に、「自分を卑下《ひげ》している」だけなのかもしれません。

「人にやさしくする」のと「自分を卑下する」のでは意味が違います。

「自分を卑下する」とは、「自分という人間を価値のないものだと考えて、人に嫌われないように相手の言いなりになってしまうこと」と言えます。

このような「自分を卑下する」という心理傾向がある人は、自分勝手な人、ズルい人に振り回されて、結局は「損なこと」ばかり経験させられる羽目になります。

こういう人は「人にへりくだる人」から卒業することが大切です。

報われる人の習慣
本当の意味で「人にやさしい人」は、断ることができる

自分に自信を持ち、卑下しないで生きていく

「人生において、私はいつも損ばかりしている」という意識から抜け出せずに悩んでいる人がいます。

他人から利用されたり、だまされたり、いいように扱われたりして、「私は損ばかりしている」と嘆《なげ》いているのです。

そして、多くの場合、そういう人は、人生で損をする理由を、「私は人がいいから。私は人にやさしいから」だと思っています。

しかし、それは、本人が考えているように、単純に「人がいい。人にやさしい」ではないように思います。

むしろ、「損ばかりしている理由」は、「自分を卑下している」という点にあるのではないでしょうか。

オランダの哲学者であるスピノザ（17世紀）は、「自分を他人より劣ると信じる間違っ

た考えから、『私は損をしている』という悲しみが生まれる。それこそが『自分を卑下する』という意味である（意訳）」と述べました。

「自分を卑下する」とは、「自分を他人より劣ると考え、そして他人の言いなりになること」です。

言い換えれば、「自分に自信がない」のです。他人から認められ、愛される自分がいないのです。そのために、他人の言いなりになります。「他人の言いなりになれば、その相手から認めてもらえる。愛してもらえる」と考えるのです。

しかし、一方で、「私は他人の言いなりになって、損ばかりしている」という思いにも苦しみます。

このような状況から卒業するには、一つには「自分は劣っている」という「間違った考え」を捨てることです。

そして、自分という人間にもっと自信を持つことが大切です。

報われる人の習慣

「自分は劣っている」と考えるのは、間違いだと気づく

たとえ平凡でも、卑下してはいけない

曹洞宗《そうとうしゅう》の開祖である道元《どうげん》（13世紀）は、「愚鈍《ぐどん》なればとて、卑下するなかれ」と述べました。

「愚鈍」には、「取るに足りない人間」といった意味があります。

つまり、道元は「特別これといった才能はない。人よりも秀でた能力はない。そんな取るに足りない平凡な人間であっても、自分を卑下してはいけない」と言っているのです。

たとえ平凡な人間であっても、「自分は、周りの人たちよりも劣っている」という考えを持ってはいけないのです。

なぜなら、「私は劣っている」という意識を持つと、他人から気に入られようとして、他人の言いなりになってしまうからです。

自分の「自主性」というものを失ってしまいかねないからです。

自主性を失った人間に、人間的な成長は望めません。

報われる人の習慣

卑下すると、どんどん自主性がなくなっていく

「私は劣っている」と考えていると、本当に、自分という人間がどんどん劣ったものになっていくのです。

ですから、道元は、「卑下するなかれ」、つまり「自分を卑下してはいけない」と指摘したのです。

また、道元は、この言葉で、「平凡な人間ならば、平凡な人間のまま生きていけばいい」という教えを示唆《しさ》しています。

自分という人間には、もしかしたら、特別これといった才能はないかもしれません。取りに足りない、平凡な人間かもしれません。

しかし、自分のありのままの姿を受け入れて、ありのままの姿で努力していけばいいのです。周りの人たちと自分を見比べて、劣っていると考えるのではなく、ありのままの姿を受け入れて努力していくほうが、自分の人間的な成長につながっていきます。

それが「私は損している」という意識を消し去ることにもつながるのです。

8章のポイント

◇ 心にいつも余裕を持ち、「ギリギリ」「いっぱいいっぱい」にならないようにしておく
◇ 「情けは人のためならず」を実践する
◇ 自己中心的で強引な人のリクエストはきっぱり断る
◇ 「言いがかり」をつけられたときの上手な、毅然とした対応を身につけておく
◇ 困った人とは「距離のとり方」を意識する
◇ 「へりくだる」「人にやさしくする」と「卑下する」の違いを理解する

memo

9章

分け隔《へだ》てなくつき合う
……しかしソンはしない

相手が誰でも分け隔てなくつき合っていく

「人を分け隔てて、人とつき合っていく」というタイプの人がいます。たとえば、

「この人は、つき合って得になる人」

「この人は、つき合っても何の得にもならない人」

という二通りに分けて、つき合う相手、つき合わない相手を決めます。

もちろん「何の得にもならない人」とはつき合いません。

一緒に仕事はしませんし、食事に誘われても断ります。

そういう人は「何の得にもならない人とつき合っていると、自分が損するばかりだ」という気持ちがあるのです。

一方で、「得になる人」とは、熱心につき合います。

自分から仕事の話を持ちかけ、食事にも積極的に誘います。

「得になる人とつき合っていれば、得をする」という思いがあるのです。

しかし、そのような計算通りにいくかと言えば、実際にはそうならないのです。

このように「人を分け隔てて、人とつき合っていく」というタイプの人は、世間から「あの人は自分の利益しか考えない」「あの人は自己中心的で、油断ならない人だ」といった印象で見られるようになります。

そのために「得になる人」へ積極的に接近していこうとしても、相手から警戒されるようになります。

もちろん「何の得にもならない人」からも相手にされなくなります。

そのために、結局は、このタイプの人は、仕事仲間も、友人も、助けてくれる人も、相談に乗ってくれる人も、すべて失って、孤立していきます。

そして、寂しい思いで一生を過ごさなければならなくなります。

真の意味で幸福に生きる人、本当の意味で「得する人」とは、相手が誰であっても分け隔てなくつき合っていく人なのです。

報われる人の習慣

得になる人ばかりとつき合う人は、結局は損をする

敵味方を区別せず愛情を注ぐ

現在でも、世界的に尊敬されている人にナイチンゲール（19〜20世紀）がいます。

ナイチンゲールは、イギリスの看護師でした。

彼女は、クリミア戦争に従軍看護師として参加しました。

クリミア戦争とは、クリミア半島（現在のウクライナとロシアの国境付近）の領有権を巡って、イギリス、フランスなどの同盟国と、ロシアが戦った戦争です。

この際、ナイチンゲールは、敵味方を分け隔てず、すべての負傷兵に対して平等に看護を施しました。

味方であるイギリスやフランスの負傷兵のみならず、敵であるロシアの負傷兵に対しても献身的な介護を行ったのです。

この、人を分け隔てない、博愛主義的な精神と行動が全世界から称賛され、今でも多くの人たちから尊敬されているのです。

しかしながら、当時は、「敵の負傷兵を看護するなんてバカげている。敵の負傷兵が元気になったら、また自分たちに戦争をしかけてくる。そんな損なまねはしなくていい」といった批判も受けたようです。

しかし、ナイチンゲールは、博愛主義に徹して、敵味方を分け隔てずに看護活動をつづけたのです。

その結果、「白衣の天使」と呼ばれ、歴史にも残る女性になったのです。

ちなみに、クリミア戦争は、イギリスやフランスに優位な形で和平条約が結ばれて終結しました。

自分に敵対する人間に対しても愛情を持ち、そして親切な行為を施すことを「損なこと」と受け止める人もいるかもしれません。

しかし、実際には、それは決して「損なこと」ではないのです。むしろ、多くの人たちから感謝され、自分の人生にとっては「得なこと」なのです。

報われる人の習慣

博愛主義で生きてこそ、多くの人の尊敬を集められる

「敵に塩を送る」ような人間になる

「敵に塩を送る」という言葉があります。

この格言には、次のようなエピソードがあります。戦国時代の話です。

当時、甲斐国《かいのくに》（現在の山梨県）の領主である武田信玄は、対立していた遠江国《とうとうみのくに》（現在の静岡県大井川の西側）の今川氏と、相模国《さがみのくに》（現在の神奈川県）の北条氏の両氏から経済封鎖を受けました。

そのために両国の物資の流通が途絶えてしまったのです。

信玄にとって、特に困ったのは「塩」でした。信玄の甲斐国には海がないので、塩を作れませんでした。塩は、海のある遠江国と相模国から取り寄せていたのです。しかし、この遠江国と相模国から経済封鎖をこうむったために、塩を入手できなくなったのです。

塩は絶対不可欠な生活の必需品です。塩分を摂取しなければ、人間は生きていけません。

このままでは甲斐国の領民たちは苦しむことになります。

その当時、やはり信玄と長年敵対関係にあった武将に、越後国《えちごのくに》（現在の新潟県）の上杉謙信がいました。

謙信は、信玄が困りきっている話を聞くと、敵であるにもかかわらず、信玄に塩を送ってあげたのです。越後国は日本海に面していますから、塩を生産していたのです。

そこから、「敵に塩を送る」という格言が生まれました。

「敵を助ける」のは、もちろん謙信にとっては「損なこと」です。

しかし、人格者だった謙信は、「たとえ敵であっても、困っている人間は助けるのが人の道だ」という考えから、信玄に塩を送ったのです。

その結果、謙信の名声はますます高まり、また家臣たちも人格的にすぐれた謙信に一層強い忠誠を誓《ちか》うようになりました。

その結果、謙信の家臣たちは、ますます固い結束で結ばれるようになったのです。

「敵を助ける」のは「損なこと」ではありません。むしろ「得なこと」なのです。

報われる人の習慣

敵を助けることによって、味方の結束力が強まる

「もう会わない人」を心からもてなす

人をもてなす際の心得を表す言葉に「一期一会《いちごいちえ》」があります。「この人とお目にかかるのは、今日限りかもしれない。今後、もう二度と会う機会には恵まれないかもしれない。だからこそ、心をこめて、ていねいにもてなすことが大切になる」という意味があります。

茶道の世界で、よく用いられる言葉です。茶席に人をまねく時には、この「一期一会」の精神を持って、もてなしをするのが大切だというわけです。

しかし、この「一期一会」という言葉について、次のように言う人もいます。

「今後、もう二度と会わないかもしれない人に、心のこもったおもてなしをするなんて、無駄ではないのか？　また会うことになる相手に心のこもったおもてなしをするのはわかるが、二度と会いもしない人に心のこもったおもてなしをしたって意味がない。それは自分が損をするだけではないか？」と。

確かに、理屈から言えば、そういう考え方もあるのかもしれません。

しかし、そういう考えは、「人を分け隔てる」ということにつながります。

そして、そのように人を分け隔てて、つき合っていくことが習慣になっていくと、そのために自分自身の人間性が悪い方向へと傾いてしまうのです。

つまり、損得勘定だけで人とつき合っていくような、欲張りな人間になりがちなのです。

そのために、周りの人たちからも嫌われるようになっていきます。

世間の評判も悪くなってしまいます。

それは、その人自身にとって、決して「得なこと」ではないはずです。むしろ、「損なこと」と言えるでしょう。

そうならば、たとえ「もう二度と会わないかもしれない人」であっても、心からのていねいなおもてなしをするのが良いのです。

やがて、そのような人のもとに「得なこと」は引き寄せられます。

報われる人の習慣
人を分け隔てることなく、心からもてなす

ていねいさは良い評判を呼ぶ

次のような話を聞きました。

ある温泉地には、二軒の旅館がありました。

仮に、A旅館、B旅館としておきます。

この温泉地には最近、海外からのお客さんが来るようになりました。

A旅館では、「日本人にはリピーターも多いが、外国人のお客さんは、一度限りの人が多いので、色々とサービスするなんて無駄だ」と考えて、外国からのお客さんをていねいにもてなしませんでした。

一方で、B旅館では、「外国からやって来るお客さんは、遠いところからやって来るから、今後何度もこの温泉地を訪れはしないかもしれない。うちの旅館に泊まるのも、今回限りかもしれない。しかし『一期一会』の精神で、心からのサービスをしよう」と考えて、ていねいなおもてなしをしていました。

確かに、B旅館に泊まった外国人のお客さんの中で、またB旅館にやって来たという外国人はほとんどいませんでした。

しかし、一度B旅館に泊まった外国のお客さんが、母国に帰ってから友人や知人に、「日本に旅行へ行くなら、あの温泉地のB旅館に泊まるといい。とても気持ちのいいサービスをしてくれる」と、口コミで良い評判を広げていきました。

その結果、B旅館は、世界各国からやって来るお客さんで、大変繁盛しているのです。

一方で、A旅館では、外国からやって来るお客さんは減る一方でした。

この事例からもわかるように、「一期一会」の精神で人をもてなすのは、決して「損なこと」ではないのです。むしろ「得なこと」なのです。

接客業に携わる人や、あるいは、接待などで人をもてなす機会が多い人には、参考になる話だと思います。

報われる人の習慣

もう会わないであろう人にも、心からていねいに接する

「ほめる」と「お世辞を言う」は、まったく違う

円満な人間関係を築いていく上で、「人をほめる」という習慣を持つことは大切です。

「ほめる」というのは、「私はあなたを認め、尊重しています」という意思表示になります。

ですから、ほめられてうれしく思わない人はあまりいないでしょう。

自分をほめてくれた人に対して、「私もこの人を認め、この人との関係を尊重していこう」という気持ちになります。

従って、人を分け隔てることなく「ほめる」ことをモットーにしている人は、誰とでも円満な関係を築いていけます。

このタイプの人は、仕事の上司であれ部下であれ、自分と性格が合う人はもちろん、性格が合わない人であっても、また年上であれ年下であれ、どのような相手でも「ほめる」ことを忘れませんから、どのような相手であっても仲良くつき合っていけるのです。

しかし、一方で、自分の損得勘定から「ほめる相手」「ほめない相手」を選ぶ人がいます。

「この人とつき合っておけば、得になることが一杯ありそうだ」と思える相手は大いにほめます。

しかし、「この人とつき合っていても、何の得にもならない」と思えば、その人をほめはしません。逆にけなしたりします。

こういうタイプの人は、「つき合って得になりそうな人」をいくらほめたとしても、結局は「得なこと」など何一つ得られないでしょう。

それは本当の意味での「ほめ言葉」ではなく、「お世辞」にすぎないからです。

当然、相手も「この人は欲があって、お世辞を言っているにすぎない」と敏感に察知しますから、警戒する態度を取るようになります。

結局は、その相手と親しい関係を作り上げていけないのです。

人をほめるのであれば、損得抜きで、誰でも分け隔てなく、ほめることが大切です。

報われる人の習慣

自分の損得勘定から人をほめても効果はない

「何の得にもならない」と思える人との関係も大切にする

「人を大切にしていくことが大事だ」と、よく言います。

こう言う時、「人を大切にする」とは、ある特定の人を指しているのではありません。すべての人に対して、分け隔てなく大切にしていく、という意識を持つことが大切なのです。

そうであってこそ、周りの人たちと仲良くやっていけるのです。

そうなれば、自分も、そして周りの人たちもみんな幸せな気持ちで生きていけます。

一方で、損得勘定で、打算的に人とつき合っていこうとするタイプの人もいます。

このタイプの人は、つき合う相手を選びます。

自分にとって得になるような相手との関係は大切にしますが、何の得にもならないと思える相手との関係は大切にしません。

しかし、そのような人とのつき合い方をしていると、自分の周りからどんどん人が離れていきます。

損得勘定で人を見る人とつき合うことは、精神的に疲れるのです。

心おきなく、親しくつき合っていけないのです。

ですから、損得勘定のある人の周りからは、人が去っていくのです。

「自分にとって得になりそうな人」まで離れていきます。

結局は、「得なこと」など何一つありません。

言い換えれば、「何の得にもならないと思える相手」であっても、分け隔てなくその人との関係を大切にしていく人の周りには、たくさんの人が集まってきます。

すべての人との関係を大切にする人とは、安心してつき合っていけるからです。

そして、集まってくる人と共に「得なこと」「幸せなこと」も集まってきます。

報われる人の習慣

損得勘定で、つき合う人を区別しない

すべての人に恵みを与えるようにする

鎌倉時代末から室町時代にかけて活躍した禅僧・夢窓疎石《むそうそせき》（13〜14世紀）は、「山水《さんすい》に得失《とくしつ》なし。得失は人心《じんしん》にあり」と述べました。

「得失」とは、『得する』とか『損する』とかいう思い」を意味します。

つまり、「山や、川を流れる水には、『得する』とか『損する』とかいう思いはない」と述べているのです。

「山」は、損得勘定抜きで、分け隔てなく、すべての人に恵みをもたらします。

山で伐採《ばっさい》される材木は、住居の材料になります。

箸《はし》や椀《わん》などの生活雑貨の材料になります。

また、木材は、紙の原材料にもなります。

「山」には、「あの人に恵みを与えれば、自分の得になる」といった損得勘定はありません。

すべての人たちに、分け隔てなく恵みを与えます。

「川を流れる水」も、同じです。

「水」は、人の飲料水になり、また農業などの用水になります。

「水」も、損得勘定を抜きにして、すべての人たちに、分け隔てなく恵みを与えます。

ただ、「人の心」だけが損得を勘定するのです。

そのために、「人の心」には苦しみや迷いが生まれます。

夢窓疎石は、この言葉で、「人間も『山』や『水』のように、すべての人たちに分け隔てなく恵みを与える存在になることが大切だ」と言っているのです。

「分け隔てなく恵みを与えるために、自分が損をする」などと考えなくていいのです。

むしろ、分け隔てなく恵みを与えれば、巡りめぐって自分自身に大きな恵みがもたらされます。

報われる人の習慣
「山」や「水」を見習って生きてみる

相手との関係が変わってもスタンスは変えない

次のような話があります。

ある男性（Dさん）は、生命保険の契約をしました。

生命保険の営業担当者の熱心なセールス活動を受けて、それで契約をしたのです。

そのセールスマンは、契約をするまでは、それこそ毎日のように挨拶に来ていたと言います。

いつも笑顔で、とても愛想が良かったと言います。色々と親切な申し出もしてくれました。

そういうセールスマンの人柄の良さに好感を持ったのも、Dさんが保険契約をする動機になったと言います。

しかし、契約を取ったとたん、その営業担当者はぴたりと来なくなりました。

一度、ちょっとした頼みごとがあって、その営業担当者に電話をかけたことがあったそうです。すると、以前とは打って変わって、その営業担当者はひどくぶっきらぼうな態度だったと言います。

その営業担当者とすれば、「いったん契約を取った相手に親切にする必要はない。親切にするだけ損」という意識があったのかもしれません。

一方で、Dさんはガッカリした気持ちになって、損を承知で、いったん契約した保険をすぐに解約してしまったと言います。

この営業担当者も、損得勘定から、人を分け隔てて見なしてしまったのでしょう。

たとえ契約を取ったお客さんであっても、契約する以前と同じように親切に熱心につき合っていけば良かったのです。

それは決して「損なこと」ではないのです。

なぜなら、以前と変わらず親切につき合っていけば、新しいお客さんを紹介してくれたかもしれないからです

報われる人の習慣
ブレずに親切な態度でつき合う

「逆風にいる人」とも分け隔てなくつき合う

人生には好不調があります。

好調な時があれば、不調な時もあります。

今、飛ぶ鳥を落とす勢いで、すべてがうまくいっている、という人もいるでしょう。

一方で今現在、何をやってもうまくいかないという、落ち目にある人もいるでしょう。

もちろん、「うまくいっている人」の周りには、たくさんの人が集まってきます。

「あの人と親密な関係を持っていれば、私にも何か得になることがあるだろう」と期待する人が多いからでしょう。

一方で、「落ち目の人」の周りからは、人がどんどん離れていきます。

「あんな人とつき合っていても、何の得にもならない。むしろあの人と一緒になっていれば、私まで落ち目になる。そうなれば損するだけだ」と考える人が多いと思います。

しかし、そうやって「うまくいっている人」と「落ち目の人」とを分け隔てて人とつき合っていくようにして、その人が本当に幸せになっていけるのかと言えば、必ずしもそうではないと思います。むしろ「落ち目の人」とも親身になってつき合っていける人にこそ、様々な幸運がもたらされるのです。

次のような話があります。

ある銀行の融資担当者が担当する取引先の一つに「落ち目の会社」がありました。他の銀行の融資担当者は、その「落ち目の会社」からどんどん離れていきました。しかし、その融資担当者だけは、落ち目の会社ではあっても親切に経営相談に乗ってあげていました。

その後、その会社はあるヒット商品を開発したのをきっかけに、一気に上昇気流に乗りました。その後、その会社が取引したのは、落ち目の時に助けてくれた銀行の融資担当者だったと言います。

分け隔てなく人とつき合っていくと「得になること」がたくさんあるのです。

報われる人の習慣

その時の相手の状況に合わせて態度を変えない

9章のポイント

◇ 「得になる人」とだけつき合っていると、
大事な人からも警戒される

◇ 「敵を助ける」ことで味方がより結束する

◇ 「一期一会」を実践していると、
いずれ「得」が集まってくる

◇ お世辞にならない「ほめ方」をする

memo

人生の活動源として

いま要求される新しい気運は、最も現実的な生々しい時代に吐息する大衆の活力と活動源である。

文明はすべてを合理化し、自主的精神はますます衰退に瀕し、自由は奪われようとしている今日、プレイブックスに課せられた役割と必要は広く新鮮な願いとなろう。

いわゆる知識人にもとめる書物は数多く窺うまでもない。

本刊行は、在来の観念類型を打破し、謂わば現代生活の機能に即する潤滑油として、逞しい生命を吹込もうとするものである。

われわれの現状は、埃りと騒音に紛れ、雑踏に苛まれ、あくせく追われる仕事に、日々の不安は健全な精神生活を妨げる圧迫感となり、まさに現実はストレス症状を呈している。

プレイブックスは、それらすべてのうっ積を吹きとばし、自由闊達な活動力を培養し、勇気と自信を生みだす最も楽しいシリーズたらんことを、われわれは鋭意貫かんとするものである。

―創始者のことば―　小澤和一

著者紹介

植西聰〈うえにし あきら〉

著述家。学習院高等科、同大学卒業後、資生堂に在職。独立後、「心理学」「東洋思想」「ニューソート」などに基づいた人生論の研究に従事。

1986年、研究成果を体系化した『成心学』理論を確立し、著述活動を開始する。95年「産業カウンセラー」(旧厚生労働大臣認定資格)、2003年、僧位(知客職)を取得。

著書に『「折れない心」をつくる たった1つの習慣』(青春新書プレイブックス)、『モヤモヤした感情を整理する8つのコツ』(水王舎)、『「水」のように生きる』(ダイヤモンド社)などがある。

真面目《まじめ》がソンにならない
心《こころ》の習慣《しゅうかん》

青春新書 PLAYBOOKS

2017年1月5日 第1刷

著者 植《うえ》西《にし》 聰《あきら》

発行者 小澤源太郎

責任編集 株式会社プライム涌光

電話 編集部 03(3203)2850

発行所 東京都新宿区若松町12番1号 〒162-0056 株式会社青春出版社

電話 営業部 03(3207)1916 振替番号 00190-7-98602

印刷・図書印刷 製本・フォーネット社

ISBN978-4-413-21077-5